51个关键词读懂三国

[日] 井波律子 —— 著

于秋芳 —— 译

思想者 005
三桅帆

重庆出版集团 重庆出版社

キーワードで読む「三国志」
Copyright © 井波律子 RITSUKO INAMI 2019.
All rights reserved.
Originally published in Japan in 2019 by USHIO PUBLISHING CO., LTD.
Simplified Chinese translation rights arranged with USHIO PUBLISHING CO., LTD.
through Rightol Media Limited.
版贸核渝字（2020）第 219 号

图书在版编目（CIP）数据

51 个关键词读懂三国 /（日）井波律子著；于秋芳
译 . -- 重庆：重庆出版社，2022.5
ISBN 978-7-229-16125-5

Ⅰ．①5… Ⅱ．①井… ②于… Ⅲ．①中国历史—三国时代—通俗读物 Ⅳ．①K236.09

中国版本图书馆 CIP 数据核字（2021）第 211163 号

51 个关键词读懂三国
WUSHIYIGE GUANJIANCI DUDONG SANGUO
[日] 井波律子　著　于秋芳　译

丛书策划：刘　嘉　李　子
责任编辑：李　子　陈劲杉
责任校对：朱彦谚
封面设计：与书工作室
版式设计：侯　建

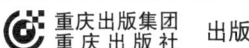 出版

重庆市南岸区南滨路 162 号 1 幢　邮政编码：400061　http://www.cqph.com
重庆天旭印务有限责任公司印刷
重庆出版集团图书发行有限公司发行
E—MAIL:fxchu@cqph.com　邮购电话：023—61520646
全国新华书店经销

开本：890 mm×1240 mm　1/32　印张：6.5　字数：156 千
2022 年 5 月第 1 版　2022 年 5 月第 1 次印刷
ISBN 978-7-229-16125-5
定价：62.00 元

如有印装质量问题，请向本集团图书发行有限公司调换：023—61520678

版权所有　侵权必究

序言

关于"三国"

正史《三国志》

众所周知,有关中国三国时期的历史记载和演义书籍,影响较大的有两部:一部是正史《三国志》,另一部是历史题材的长篇章回体历史演义小说《三国演义》。

《三国志》的作者陈寿(233—297年)原出生于三国时期的蜀国,景元四年(263年)魏灭蜀,陈寿时年31岁。两年后(即泰始元年,265年),魏亦被司马氏建立的西晋王朝所取代,这一时期陈寿仕从西晋。至咸宁六年(280年),西晋灭吴,统一天下,陈寿始撰写《三国志》。

陈寿执笔《三国志》时,采用了司马迁著《史记》所创的文体"纪传体"和"列传体"。这是与人物传记并称的文体,"纪传体"的"纪"指的是皇帝的传记。

因《三国志》(全65卷)是记载三国鼎立时期的历史书,故其特色是由《魏书》(30卷)、《蜀书》(15卷)、《吴书》(20卷)三部分构成。在该书中陈寿对魏、蜀、吴三国的地位并没有等同视之,他把魏国视为正统王朝,运用占整部书一半的篇幅对其进行记述。作为皇帝传记的"纪"也只运用在《魏书》中(在《蜀书》和《吴书》中,刘备、孙权等皇帝的传记全部是"××传"的形式)。

明明是蜀国人,却把敌国魏国视为正统,因而后世对陈寿的评价很差,他也因此被后人所诟病。然而,陈寿在继承魏国系统的西晋做官,从其立场上来说,将魏国视为正统可以说是理所应当的。另外,当时虽说是三国分立,但与分割中国南部的蜀国和吴国相比,控制了中原地区的魏国在政治和文化方面都具有显著优势,这点是不可否认的事实。可以说,作为优秀历史学家的陈寿对三国的形势判断还是客观而冷静(理性)的,从这种意义上来说,他撰写《三国志》时把魏国作为正统亦是无可厚非。

不过,作为历史学家,不管陈寿多么客观、冷静,但其对被灭亡的故国蜀国所具有的惋惜悲哀之情还是很深刻的。他煞费苦心，运用微妙的笔触，将其对故国蜀国铭刻在心的思念，融汇于文字之间，这种心情流露的痕迹，在《三国志》中随处可见。由此看来，一千多年后完成的长篇章回体历史演义小说《三国演义》，却明显是以刘备的蜀国为正统这一视角来描写，其思想萌芽可以说在陈寿的《三国志》里也早已有所显现。

陈寿逝世约130年后的元嘉六年（429年），六朝时期，刘宋历史学家裴松之（372—451年）搜集了各种相关资料，为陈寿的《三国志》的简洁文本加注上了庞大的注释，完成了《裴注三国志》。现在流通的《三国志》就是陈寿的正文和裴松之的注释两者并存的版本。顺便说一下，《三国演义》主要内容的时间脉络虽是根据陈寿的正文而定，但令人印象深刻的情节等大多是根据裴松之的《裴注三国志》创作的。

《三国演义》的形成

长篇章回体历史演义小说《三国演义》形成于13世纪末到14世纪初的元末明初，距陈寿的正史《三国志》著作完成也已过了一千多年。在此期间，民间艺术的戏曲和故事领域中，也诞生了无数的"三国故事"，并广为流传。

更早时期的详细情况虽不是很清楚，不过，宋代（北宋960—1227年，南宋1127—1279年）时期，在镇上的繁华场所，说书人在听众面前滔滔不绝地讲述的三国故事就很受欢迎。北宋末年也已经出现了专门的三国故事，被称为"说三分"。另外，在元朝（1271—1368年）时期，被称为"元曲"的戏剧盛行开来，而其中流传至今的三国故事剧目则有二十余部。由此可见以"三国"为题材的戏剧也甚是流行。

在这些三国故事和三国戏剧中，最受欢迎的角色是性格粗鲁、莽撞的张飞。张飞的暴躁性格和果敢行为让听众和读者内心大感畅快淋漓，倾听和观看之时情不自禁地为之发出阵阵喝彩。

《三国演义》的作者罗贯中，收集了从北宋时期到元朝年间无数这种以民间艺术形式流传的三国故事，并将其与陈寿的正史《三国志》的文本以及裴松之的《裴注三国志》为代表的各种正统的历史资料进行对照，去粗存精，整理成文。

就这样，生动描写东汉末年群雄割据的乱世、魏蜀吴三国鼎立及三国灭亡过程的长篇章回体历史演义小说《三国演义》诞生了。

《三国演义》的魅力

贯穿《三国演义》的基本思想是强调汉王朝后裔刘备的英雄主义，将当时的蜀国定位为正统王朝。与此相对，对刘备的对手曹操则是以重点笔墨夸张地描述了其手段恶劣的奸雄性。因此，《三国演义》的故事内容是以好人刘备和坏人曹操的对立为主线，通过艺术性地设置各色人物陆续登场的手法，叙写了丰富多彩的生动故事场景。

《三国演义》最大的魅力在于，给每个拥有强烈个性的出场人物设定了独自的绝妙的精彩场面，让他们尽情发挥独特的个性。顺便一提，作为《三国演义》校订者而为人所知的清代学者毛宗岗说过，在《三国演义》中有"三绝（三个杰出人物）"登场，即"智绝（极其聪明）"诸葛亮、"义绝（极富义气）"关羽、"奸绝（极其奸诈）"曹操三人，对他们三人的描写极为精彩。

正如他所指出的那样，在《三国演义》故事中，诸葛亮、关羽、曹操三人的形象十分鲜明。特别是忠义而又富有人情味的关羽，是罗贯中着力描写的角色之一，即便说《三国演义》背后的主角是关羽也毫不过分。如上所述，民间艺术题材中最光彩闪耀的是性格粗暴的张飞，而在《三国演义》的故事情节中，带有悲壮色彩的关羽则更为耀眼。

刘备穿插于"三绝"即诸葛亮、关羽、曹操三人关系中，在故事情节铺展中演绎出的相遇和离别等场景，可以说是《三国演义》中首屈一指的精彩场面。如刘备和关羽、张飞相遇的桃园结义场面、刘备三顾茅庐拜见诸葛亮的场面、在赤壁之战中惨败的曹操和关羽再会的华容道场面、刘备临终托付诸葛亮后事的白帝城生死离别场面等。以这些令人难以忘记的场面为核心，《三国演义》展现了其充满魅力的故事画面。

当然，在《三国演义》的出场人物中，除了人物性格鲜明的"三绝"之外，还有数不胜数的令人心动的魅力角色。可以说，只有这些引人入胜、使人读之欲罢不能而又让人犹如身临其境，描画出的一幅幅展现活灵活现的人物独特形象场景的精彩画面，才是令《三国演义》的读者最追捧之处。

序言 关于"三国"/1

第一章 读懂"人"

1 宦官 /2	2 名门 /5	3 胡须 /8
4 美女 /11	5 烈女 /14	6 异貌 /17
7 老将 /20	8 年轻武士 /23	9 奇人异士 /26
10 猛将 /29	11 使者 /32	12 大吼 /36
13 名将 /39	14 叛徒 /42	15 度量 /45
16 后裔 /48	17 兄弟 /52	18 诗人 /56
19 高手 /60	20 眼泪 /64	21 敬意 /67

第二章 读懂"战"

22 军粮 /72	23 檄文 /75	24 名马 /78
25 桥 /81	26 生擒 /84	27 火攻 /87

28 水攻 /91　　29 军师 /95　　30 谋士 /98

31 军纪 /102　　32 地图 /105　　33 政变 /108

34 奇策妙计 /111　　35 间谍·谍报 /114

36 单打独斗 /118　　37 兵器 /122

第三章　读懂"社会"

38 玉玺 /126　　39 酒 /129　　40 书信 /132

41 名医 /135　　42 冤魂 /138　　43 遗言 /141

44 天文观察 /144　　45 怪异现象 /147　　46 婚姻 /151

47 歌谣 /155　　48 文字游戏 /158　　49 音乐 /161

50 狩猎 /165　　51 吊唁 /169

后记 /172　　文库本后记 /175

主要人物表 /179　　三国年表 /181

附录一　三国重要地名 /184

附录二　三国著名战役 /192

第一章

读懂「人」

1 宦官

众所周知,宦官是指被阉割而失去男性功能的人[1]。在中国,宦官的诞生可以追溯到三千多年前的殷商王朝时期,且一直延续到20世纪初清朝灭亡为止。在中国历史上,有不少朝代出现过宦官干政、宦官专权的局面。其中,受宦官毒害最严重的时期是东汉(25—220年)、唐朝(618—907年)及明朝(1368—1644年)三个朝代。

东汉王朝长期处于外戚(皇后一族)和宦官权力之争的社会动荡不安中,但自第十位皇帝桓帝(146—167年在位)起,外戚势力开始衰落,宦官权势上升且处于绝对优势。此时期,被称为"五侯"的五位宦官(单超、左悺、

---

[1] 早期宦官不一定都是阉人,在东汉之后才完全用阉人做宦官。——译者注(本书正文注释均为译者注,后不再标明)

徐璜、具瑗、唐衡）专权，他们横征暴敛，获取了巨额财产，过着极端奢侈的生活。桓帝死后，灵帝即位，宦官的势力越发强大。当时，被称为"十常侍"的宦官团伙操纵朝政、权势逼人，赵忠、张让是该团伙的首领。灵帝极其宠信他们，公然宣称张常侍是其父，赵常侍是其母。

灵帝是一个金钱欲极强的人，他采取种种手段甚至通过卖官来敛取钱财。而作为金钱及权力欲化身的"十常侍"则是不失时机地利用了灵帝的贪欲，从中贪赃枉法，中饱私囊，兴建豪宅，享受着奢华的生活。另外，他们结党营私、排除异己，任人唯亲，独揽高位，肆无忌惮地垄断朝廷政权。种种情况，激起了良知犹存的文官们的愤慨和不满，开始了对宦官专权的抨击和弹劾活动。宦官们深感他们带来的危险，为自保就把很多对他们不利的人关押入狱，处以刑罚，官僚李膺、陈蕃和太学生郭泰等人的抨击宦官弊政运动很快就被镇压下去了。宦官专权，导致朝堂腐败，社会动荡不安。中平元年（184年），以道教之一派太平道信徒为核心的农民发动了起义，史称"黄巾起义"。为此朝廷招兵买马对起义军进行了残酷镇压，其结果是起义虽然被勉强镇压下去，但东汉王朝政权也遭到了沉重的打击。

灵帝死后，少帝即位不久，中平六年（189年），东汉诸恶之源的宦官势力遭到全歼。起因是外戚何进被宦官杀害后，守卫都城洛阳的袁绍、曹操等人借题发挥攻入宫中，将宦官全部杀光。不久，凶暴的武将董卓控制了洛阳，东汉名存实亡。因宦官祸乱而元气大伤的东汉王朝，在宦官势力被清除之后也如同朽木一般，轰然倒塌。

附言之，三国故事中是英雄亦是奸雄的曹操，也出身于与宦官关系密切的门第（曹操的父亲曹嵩是位高权重的宦官的养子）。尽管如此，曹操却得到了荀彧等清流派文人的支持和协助，逐渐成为东汉末年乱世中的实力派。历史的发展真是让人难以捉摸。

名门

要说三国故事里群雄中名门出身的,应首推曹操的对手袁绍。袁绍的高祖袁安是东汉的司徒(最高级别的三个大臣"三公"之一),并且之后连续四代都是"三公",这无疑是一个超级名门。由于祖先的名声,袁绍渐露头角,军事实力及社会人脉都远远超过曹操。但是,他的缺点是缺乏当机立断的决断力,而且猜疑心很强,又听不进田丰和沮授等有识之士的意见和建议,自以为是。因此,建安五年(200年),在平分天下的官渡之战中,他原本占绝对优势,却被曹操击败。两年后,他在失意沮丧中病死。袁绍死后,其家族内部因继承人问题发生了争斗,最终袁氏一族被曹操所灭。

至于袁绍的堂弟袁术[1]，其行事风格更是不堪，结局也甚是凄惨。袁术是举孝廉出身，拜为河南尹、虎贲中郎将。后来，董卓率兵攻进京城洛阳后，想要废汉少帝刘辩，改立陈留王刘协为帝。为拉拢袁术，他就表示让袁术为后将军，袁术不肯依附，避祸逃往南阳。初平元年（190年），袁术联合袁绍、曹操等关东诸侯，共同出兵讨伐董卓。此后，袁绍想立汉宗室刘虞为帝，派人通知袁术，希望得到袁术的支持。但是袁术发现汉室衰微，早已心怀异心，不愿意拥立成年的汉朝皇帝，于是托辞公义，不赞同袁绍的提议，兄弟两人因此反目成仇。之后，在对抗袁绍和曹操的战役中，兵败逃亡至九江，割据扬州。建安二年（197年）在寿春擅自称帝，整日生活穷奢极欲，愚行尽施。据说袁术之所以僭称皇帝，是因为他痴迷帝位，把孙策、孙权的父亲孙坚意外得到的玉玺据为己有（参见第三章"玉玺"的内容）。不久，袁术就因其愚行而遭报应，不断被军队追击，最终猝死在逃亡途中。应该说是自作自受。

　　对于乱世中的领袖来说，需要具备应对瞬息万变形势的敏锐判断力及吸纳并善用人才的度量。曹操虽背负着宦

---

[1] 两人其实是同父异母的亲兄弟。袁绍是过继于其伯父袁成的养子，因此史书普遍称袁术为袁绍的堂弟。

官系统出身的不利因素，却发挥出自己的才能，作为乱世英雄脱颖而出。缺乏此种能力的名门子弟袁绍和袁术，败于曹操也不足为怪。

曹操的主簿杨修是东汉太尉杨彪之子，也属名门出身。杨修的眉眼尽露聪明，机巧可见一斑。最初，他深受曹操的喜爱，但不久却聪明反被聪明误，遭曹操嫌弃而被处死。不过，这是《三国演义》（见第七十二回）描写的故事，在正史上，杨修在曹丕、曹植的继承人之争中充当曹植的参谋，所以他在曹植失败后便被曹操处死。

追溯袁绍、袁术、杨修等名门出身者的生命轨迹，可以发现他们在动荡的乱世中未能坚持到最后，都落了个惨死的下场。与此相反，以荀彧、陈群等为首的曹操政权智囊人物的子孙中，诞生了从魏到西晋，甚至到东晋等朝跨越时代连绵不绝的新名门贵族。可以说乱世从根本上动摇了格局，淘汰了旧的名门，诞生了新的名门。

3 胡须

在《三国演义》里，胡须被当做了表现登场人物角色形象的重要元素。要说有着完美胡须的人，应首举关羽。如他首次登场时介绍的那样："身长九尺，髯长二尺，面若重枣……"[1]（见《三国演义》第一回）长而浓密的胡须是关羽的标志特征，起到了强化其神秘形象的作用。建安五年（200年），关羽向曹操投降的时候，欣赏他的曹操赠送给他纱锦制成的护囊，让其保护胡须的故事也广为人知（见《三国演义》第二十五回）。

关羽义弟张飞的特征也是胡须。但是，正如第一次介绍张飞形象时说道："身长八尺，豹头环眼，燕颔虎须……"[2]

---

[1] 〔明〕罗贯中.三国演义（上）[M].北京：人民文学出版社，2019：5.
[2] 〔明〕罗贯中.三国演义（上）[M].北京：人民文学出版社，2018：4-5.

（见《三国演义》第一回）他的胡须给人极其滑稽的感觉，代表他是一个性格非常开朗、脾气暴躁的家伙，同时给人一种无法无天的感觉。

关羽神秘的胡须、张飞滑稽的胡须，两位结义兄弟的胡须都极具个性。他们的结拜大哥刘备的情况则相反。刘备首次出场时，对其相貌的描述为："身长七尺五寸，两耳垂肩，双手过膝……"[1]（见《三国演义》第一回）虽然刻意重点描述了他与常人不同的外貌特征，但是却完全没有提及胡须。

另一方面，对刘备的对手曹操的描述则是"身长七尺，细眼长髯……"[2]（见《三国演义》第一回）但那胡须的确像个穷酸相的小个男人，耷拉着，非常缺乏光彩。建安十六年（211年），在与西凉猛将马超的激战中，就有曹操为了逃亡，剃掉了作为其身份象征的长胡须的故事（见《三国演义》第五十八回）。刘备的另一个对手孙权和曹操不起眼的胡须形成鲜明对比，孙权是"碧眼紫髯"，正如字面所示，指此人相貌魁伟，孙权的胡须给人一种威风凛凛的感觉。

---

[1]〔明〕罗贯中.三国演义（上）[M].北京：人民文学出版社，2019：4.
[2]〔明〕罗贯中.三国演义（上）[M].北京：人民文学出版社，2019：8.

由此可以看出，关羽、张飞、曹操、孙权各自具有象征其人物形象的胡须，而只有中心人物刘备没有提到胡须。实际上，在《三国演义》故事中被称赞美貌的两位猛将吕布和马超，也没有提及他们的胡须。吕布以"顶束发金冠，披百花战袍……"[1]（见《三国演义》第三回）的一身华丽装扮初次登场，但是没有描述他的胡须。另外，被誉为"锦马超"的马超，在书中也描写了他的雄姿："面如冠玉，眼若流星，虎体猿臂，彪腹狼腰……"[2]（见《三国演义》第十回）但并未提及胡子。此外，以其飒爽、脱俗的容貌而闻名的吴国的周瑜也与胡须无缘。

由此看来，在《三国演义》里，总的来说包括刘备在内的属于"美男子"形象的人物，不会有对他们胡须的描写；像关羽、张飞那样勇猛又有男子汉气概的武将，或者像曹操那样有一两个癖好的人物，为彰显其特征则突出对其胡须的渲染，这正展现了《三国演义》作者笔触的细腻。

---

[1] 〔明〕罗贯中. 三国演义（上）[M]. 北京：人民文学出版社，2019：27.
[2] 〔明〕罗贯中. 三国演义（上）[M]. 北京：人民文学出版社，2019：83.

4 美女

说到三国的第一美女,首先应该提及魏国曹丕的妻子甄夫人(后来的甄皇后)。她原本是袁绍的次子袁熙的妻子,但在建安九年(204年),袁氏一族的根据地邺城受到曹操的攻击而陷落,之后她成为曹丕的妻子。据《三国演义》第三十三回描述,曹丕踏进袁绍的府中时,发现了坐在厅堂里的披头散发、脸上沾满污垢的甄夫人。曹丕用袖子擦拭甄夫人的脸,见其"玉肌花貌,有倾国之色",便对其一见钟情。得知此事的曹操见了她之后,说"真吾儿妇也"[1],就允许了两人婚配。《三国演义》是把曹操描写成一个善于理解的父亲,而魏晋名士的笔记小说《世说新语·惑溺》

---

[1] 〔明〕罗贯中. 三国演义(上)[M]. 北京:人民文学出版社,2019:289-297.

中却记载了与此完全不同的趣闻轶事。故事记述说，实际上曹操也沉迷于美貌出众的甄夫人，被曹丕抢先下手，为此后悔不已。[1]

曹丕即位，建立了魏王朝，甄夫人成为皇后。但是，甄夫人因为曹丕宠爱郭贵妃而悲伤并流露出一些怨愤的话语，招致曹丕的不喜，被赐死。（见《三国志·魏书·文昭甄皇后传》）。《三国演义》中对此事稍做了夸大，说郭贵妃企图拉下甄夫人取而代之，就告诉曹丕说甄夫人诅咒他。曹丕愤怒不已地将甄夫人赐死（见《三国演义》第九十一回）。顺带一提，关于甄夫人的死，有一个脍炙人口的传说：曹丕的弟弟、杰出的诗人曹植和她之间萌生了私情，妒恨交加的曹丕就杀死了她。令人不可思议的是，热衷于将曹操和曹丕塑造成反派角色的《三国演义》里，却完全没有提及这个有名的传说。

总的来说，《三国演义》对"命运美女"甄夫人甚是同情，不管是曹操对她的着迷，还是她和曹植有私情关系等诸如此类的有损其形象的逸闻和传说，该书完全没有提及。读

---

[1] 〔南朝宋〕刘义庆著；〔南朝梁〕刘孝标注；余嘉锡笺疏.世说新语笺疏[M].北京：中华书局，2011：788.《世说新语·惑溺》原文："魏甄后惠而有色，先为袁熙妻，甚获宠。曹公之屠邺也，令疾召甄，左右白：'五官中郎已将去。'公曰：'今年破贼正为奴。'"

者所看到的就是将其作为被命运所摆布的美女而以纯真的形式来进行的描绘。

深陷"董卓之乱"的旋涡并在其中有着重要地位的貂蝉也是一位令人难以忘记的美女。貂蝉是东汉重臣王允的歌妓,凶狠的董卓和他的养子吕布为她争风吃醋,勇猛有余而谋略不足的吕布除掉了万恶之源的董卓。在《三国演义》中,董卓死后,貂蝉一直与吕布在一起,直到他被曹操灭掉为止。也许是觉得这点不怎么适合集美貌与才智于一身的美女貂蝉,在吉川英治的《三国英雄传》中,貂蝉在计划取得成功后就自尽而死,与吕布共度余生的则是别人。虽然貂蝉不同于甄夫人,是个虚构的人物,但正如吉川英治所执着的那样,她也可以说是给读者留下深刻印象的人物。

在《三国演义》中,这样的"命运美女"时不时地出场,但也出现了不少其他的女性。她们的容貌不怎么出众,但其坚毅的人物性格也给人留下了鲜明的印象,牵动着故事的进程。对于这样的女性,我想试着再写一篇文章。

5 烈女

说起三国故事中性格刚烈而又坚毅的烈女，应当首推蜀国北地王刘谌的妻子崔夫人。刘谌是刘备的孙子，是蜀国后主刘禅的第五个儿子，以性格刚烈具有血性而著称。蜀炎兴元年（263年），蜀国被魏国攻破，濒临灭亡之际，主张彻底对抗的只有刘谌。软弱的刘禅却未听从其建议，选择了投降的道路。愤怒的刘谌对崔夫人说："吾欲先死以见先帝于地下。"表明了自己赴死的决心。崔夫人鼓励丈夫说："贤哉！贤哉！得其死矣！妾请先死，王死未迟。"[1]然后一头撞柱而死（见《三国演义》第一百十八回）。丈夫为社稷而死，妻子为丈夫而死。应该说这位崔夫人壮烈决绝的形象为趋于

---

[1] 〔明〕罗贯中.三国演义（下）[M].北京：人民文学出版社，2019：1008.

灭亡的蜀国妆点了精彩的一笔吧。

在三国故事里，像这样以命相拼激励丈夫或儿子，叱咤风云的女性不在少数。徐庶的母亲（徐母）也是其中之一。徐庶原为刘备的军师，为刘备出谋划策，打了不少胜仗。曹操得知刘备用徐庶为军师之后，在程昱的建议下，先将徐庶的母亲掳至许昌，后程昱模仿徐母的笔迹给徐庶写了一封信。徐庶见是母亲的亲笔书信，于是向刘备推荐南阳诸葛亮后，便辞别了刘备，自己只身前往许昌。徐庶到许昌见了母亲之后才得知自己被骗。得知此事的徐母因为儿子的不争气而异常生气，在斥责徐庶之后，自缢身亡（见《三国演义》第三十六回）。真是一位刚烈的严母。徐庶深受打击，因此也发誓终生不为曹操献一计一策。之后，徐庶虽然供职于曹操，却完全没有为曹操提出有效的计策，以此度过了自己默默无闻的后半生。

说到拼命，建安十三年（208年），长坂坡之战中刘备的妻子糜夫人悲惨的临终景象也令人印象深刻。糜夫人虽身负重伤，但仍坚持守护刘备的儿子阿斗（刘禅），将阿斗交给赵云后，害怕自己成为他们的累赘，选择投井身亡。正因为阿斗不是她的亲生儿子，所以她的这种英勇献身精神更让人心动。

三国故事里不仅有上述典范烈女，也有强烈坚持自我主张，甚至是应该称之为猛女类型的女性形象。曹操的妻子丁夫人就是其中之一。建安二年（197年），曹操在宛城之战中遭遇惨败，长子曹昂战死。把别的女性与曹操生下的曹昂作为养子的丁夫人深受打击，因为痛恨曹操而无法原谅他，最终与之诀别。丁夫人的脾气非常刚烈，甚至连曹操也毫无办法。对于身边这位厉害的夫人，曹操束手无策。至于吴国孙权也不例外，其身边更是厉害女性环绕，且一直受她们压制。比如，有行使母亲之权的亲生母亲吴太夫人和继母吴国太，还有与刘备结婚、喜爱勇士的妹妹孙夫人，以及权力欲很强的女儿全公主，等等，这些都是很厉害的女性。

如此看来，在看起来只有男人们的三国故事特别是《三国演义》的描述里，美女、烈女等丰富多彩的女性人物出场后，复杂而又微妙的人物形象的刻画，丰富了故事内涵。

异貌

　　《三国演义》在表现出场人物的特征时,身姿、容貌等外部相貌特征成为至关重要的因素。例如,在描写中心人物刘备、关羽、张飞等相貌时,书中写道刘备双耳垂肩,关羽须长两尺、面如重枣,张飞豹头环眼等,他们都有着异于常人的相貌。另外,吴国的孙权也是一个拥有"碧眼紫髯"异貌的人。在《三国演义》里,对于这些"相貌魁伟"的人物,毫不吝啬地大加赞美。

　　与"相貌魁伟"的人物同样被赞美的是"貌美"之人。在《三国演义》里因貌美而被称颂的是吕布、马超、孙策、周瑜等,刘备的军师诸葛亮也是皮肤白皙、拥有神秘美貌的人。顺带一提,在诸葛亮初次登场的场面中,赞赏他道:

"身长八尺,面如冠玉,头戴纶巾,身穿鹤氅,飘飘然有神仙之概。"[1](见《三国演义》第三十八回)

就这样,在《三国演义》里,相貌魁伟的人物或貌美的人受到好评,而让人深感悲哀的是"相貌丑怪"的人物。例如,被誉为荆州的卓越人才"凤雏"的庞统,尽管与"卧龙"诸葛亮并称,却是"浓眉掀鼻,黑面短髯"[2](见《三国演义》第五十七回),相貌并不出色。因此,既被孙权讨厌,又被刘备冷淡对待。不过,不久刘备就发现了他的真正价值,对他甚是器重,成为仅次于诸葛亮的军师。但是,庞统和刘备一起持续攻打蜀国、艰苦战斗,在即将攻占成都之际阵亡。丑陋"凤雏"的一生,与貌美的"卧龙"形成鲜明对比,实属不幸。

让刘备下定决心攻占蜀国的张松也是相貌丑陋的人,可以说和庞统不分伯仲。最初,巧言善辩的张松作为蜀国统治者刘璋的使臣,被派遣结交曹操。他"额镳头尖,鼻偃齿露,身短不满五尺,言语有若铜钟"[3](见《三国演义》第六十回)。曹操单是看到他如此丑陋的嘴脸就心生厌烦,

---

[1] 〔明〕罗贯中.三国演义(上)[M].北京:人民文学出版社,2019:330.
[2] 〔明〕罗贯中.三国演义(下)[M].北京:人民文学出版社,2019:486.
[3] 〔明〕罗贯中.三国演义(下)[M].北京:人民文学出版社,2019:509.

冷淡地将他赶回蜀国。或许是因为曹操也被认为是相貌穷酸的小个子,所以就对相近之人也心有厌烦吧。张松因此很恼火,归途经过荆州便顺便拜访刘备,劝他进攻夺取蜀国。回到蜀国的张松巧妙地说服了愚蠢的刘璋,成功地让刘备入蜀,也就是说,张松是刘备攻占蜀国的有功者。刘备入蜀不久,张松暗助刘备之事因其哥哥告发而败露,被刘璋怒而斩杀。在《三国演义》里,庞统也好,张松也罢,相貌丑陋的人物真的是一个个悲剧性的角色。

同样是与众不同的相貌,相貌魁伟或是相貌俊美之人多数都被赋予正面的形象而被赞叹不已,从而也被设定了帅气精彩的场景。但是对于面貌丑陋的,除曹操外,大多数都遭到践踏,落个悲惨地死去的下场。不愧是从说唱中诞生的故事,对《三国演义》所描写的貌美与貌丑者的命运参差,只能用残酷来形容。

7 老将

三国故事里有很多充满英雄气概的老将，代表人物之一是刘备手下的名将赵云。赵云起初是群雄之一公孙瓒手下的将领。虽然很早就结识了刘备，但实现夙愿投奔刘备，则是十几年后公孙瓒战死，也就是建安六年（201年），在刘备逃入荆州前夕的事。自此以后，作为刘备麾下的头号猛将，赵云向来临危不惧，在长坂坡之战、汉中之战等为代表的众多战役中大显身手。

蜀国建兴五年（227年），诸葛亮第一次北伐的时候，是赵云最后一次上战场。当时，诸葛亮一开始考虑到赵云年纪已高就没有把他列入出征北伐的队伍名单内。愤愤不平的赵云对诸葛亮提出抗议："如不教我为先锋，就撞死于阶下！"[1]（见《三国演义》第九十一回）对于他的顽固，诸葛亮也实在没有办法，就任命他为先锋队长。赵云英勇善战，不仅出色地完成了身为先锋的重任，而且由于诸葛亮的爱将马谡的作战失误，导致蜀军不得不撤退之际，他没有丢失"一兵一骑"，安全撤退。正是身经百战的老将才具有如此临危不乱的潜力。第一次北伐之后不久，赵云就因病去世，蜀国的阵营哀鸿一片。

赵云在《三国演义》里首次出场是二十几岁，之后一直活跃到七十多岁。同样作为刘备手下的黄忠出场时就已经是老将了。黄忠成为刘备的将领是在建安十三年（208年）冬季的赤壁之战结束，刘备攻克荆州南部四个郡（零陵郡、桂阳郡、武陵郡、长沙郡）的时候。当时，任长沙太守部下的黄忠，应刘备的请求成为他的将领。之后，在汉中争夺战中，黄忠将魏军的猛将夏侯渊斩于刀下，展现出其英勇善战的能力，正如谚语所说"老将出马，一个顶俩"。章武元年（221年），为替被杀的关羽报仇，刘备率军进攻吴国，黄忠也随军，但由于他意气用事，深追敌人而身负重伤。临终之际，黄忠对刘备感谢道："臣乃一武夫耳，

---

[1] 〔明〕罗贯中.三国演义（下）[M].北京：人民文学出版社，2019：785.

幸遇陛下。臣今年七十有五，寿亦足矣。"[1]（见《三国演义》第八十三回）说完就不省人事，当晚死于营帐内。从以上可以看出，黄忠的全盛期应当是六十岁到七十岁，是一位很厉害的老将。

吴国的三位老将程普、黄盖、韩当也不逊色于蜀国的赵云、黄忠。他们作为孙坚的将领经历了数次激战，孙坚死后又跟随其儿子孙策和孙权，成为吴军的主力。特别是在赤壁之战中，击破曹操大军，取得的奇迹般胜利与这三位老将和年轻的名将周瑜的密切协作是分不开的。

不管是蜀国还是吴国都有这样值得特别记述的老将，但是在超级大国魏国却找不到出色的老将。在不服老这一点上，当推以七十一岁的高龄成功卷土重来、掌握实权的司马懿。但是，总觉得他给人的印象是阴暗的，不得不说与先前举出的蜀国、吴国老将们的豪爽感相差甚远。

---

[1] 〔明〕罗贯中. 三国演义（下）[M]. 北京：人民文学出版社，2019：703.

年轻武士

在从东汉末年起约百年的三国故事中,以飒爽英姿的年轻武士形象出场,历经数战,最终成为身经百战的老将的人不胜枚举。其中,给人留下的印象最深刻的是"西凉猛将"马超,他最初以英勇无双、容貌俊美的年轻武士形象出场。顺便说一下,因为美貌,他也被称为"锦马超"。

马超的父亲马腾是以西凉为根据地的军阀。马腾愤怒于董卓部将李傕、郭汜的专横和跋扈,初平三年(192年)与盟友韩遂一起举兵攻打长安。当时,才十七岁的马超也随军,在决战中横扫敌军,取得了很大的战果。《三国演义》(见第十回)是这样描写马超在战场上俊美英勇的年轻武士形象的:

只见一位少年将军,面如冠玉,眼若流星,虎体猿臂，彪腹狼腰，手执长枪，坐骑骏马，从阵中飞出。原来那将即马腾之子马超，字孟起，年方十七岁，英勇无敌。[1]

以这种飒爽英姿的雄姿在《三国演义》里出场的马超，年少成名。曹操曾多次想征召马超入京为官，但都被马超拒绝。后来其父马腾入京，被封为卫尉，马超就统领了马腾的部队。之后，因他反抗曹操，其父及两个弟弟受牵连被曹操一起杀死。为报杀父之仇，马超联合韩遂等关中诸侯抵抗曹操，曾一度对曹操造成了很大的威胁，让曹操手忙脚乱，但后来却被曹操利用离间计击败而逃。

被打败后，马超先是聚拢部队再次攻取陇上诸郡，结果又遭遇失败，后又依附汉中张鲁。如此历经战败、反复流转之后，建安十九年（214年），他向称霸蜀国的刘备投降，逐渐成为蜀军的核心将领。作为容貌俊美的年轻武士，他先以一个给人视觉冲击的出场而显露头角，随着时间的推移，作为更强大的壮年武将再次登场，勇敢果断地挑战曹操，其身姿充满了撼动整部《三国演义》的魄力。但投降刘备后，不得不说其风采较之以前稍有褪色了。

---

[1] 〔明〕罗贯中.三国演义（上）[M].北京：人民文学出版社，2019：83.

除此之外，在《三国演义》临近结束的时候，一位名叫文鸳的年轻武士出场，他虽不及马超，却也有着非凡的勇猛之姿。文鸳是扬州刺史文钦的儿子。魏末，文钦反对司马氏赤裸裸的篡夺魏王朝的计划，曾于正元二年（255年），和毌丘俭一起举兵讨伐。当时，年仅十八岁的文鸳勇敢地单枪匹马向司马师率领的魏军发起攻击，"钢鞭起处，纷纷落马，各各倒退"[1]（见《三国演义》第一百十回），展现了其英勇果敢的战斗之姿。但是，文鸳的这次奋战很快就被魏军击破，落了个和父亲一起投降东吴的下场。

此后，诸葛诞反叛司马昭的时候，文钦、文鸳父子从吴国前去援助。但文钦与诸葛诞关系原本不好，在阵前又发生内部冲突。最后文钦被诸葛诞杀死。文鸳和弟弟文虎逃脱，向司马昭投诚。此后，文鸳就从《三国演义》中退场了。

作为飒爽英姿的年轻武士出场，在《三国演义》中刮起了"清新风"的马超和文鸳，都被不幸的时运所纠缠，度过了激变的一生。勇猛经过岁月的洗涤虽然可以得以强化，但如果没有聪明才智的话，仅靠一己之力或许很难在乱世中生存下去。

---

[1] 〔明〕罗贯中.三国演义（下）[M].北京：人民文学出版社，2019：951.

9 奇人异士

在《三国演义》中,操纵神秘术的奇人、仙人、医生等奇人异士在关键时刻出场,使故事世界更引人入胜。东汉末年黄巾之乱的领袖张角也是奇人,他掌握各种法术,成为道教新兴教派"太平道"的创始人。东汉末年,宦官专权,政治混乱,社会动荡不安,加上天灾,农民生活困苦不堪。在此情况下,张角利用符咒、"灵水"等治病之术进行传道,获得了众多信徒,最终率领众信徒发动起义,这就是历史上的黄巾起义。《三国演义》首先是通过描绘具有异能的奇人张角来拉开序幕的。

纵观《三国演义》,英雄中与异能人士因缘颇深的是孙策和曹操。建安五年(200年),孙策被刺客袭击,身负重伤。在疗养过程中，他对在江南很有知名度的道士于吉的存在深感忌惮。孙策讨厌迷信，无法忍受用神秘巫术鼓动人心的于吉，将其处以火刑，又令武士将于吉一刀斩头落地。但是，之后孙策受尽于吉的亡灵作祟之苦，最终"金疮迸裂，昏绝于地"，苏醒后自叹"吾不能复生矣"[1]，安排好后事后，遂闭目而逝（见《三国演义》第二十九回）。

和孙策一样，不信邪、讨厌迷信的曹操晚年也与许多奇能异士有着密切的关系。先是左慈。左慈是反抗曹操的"仙人""超能力者"。建安二十二年（217年）左右，他出现在曹操面前，对曹操大加嘲弄，即使被关进监狱，也能轻而易举地越狱，使用分身术或变身术逃脱（见《三国演义》第六十八回至第六十九回）。被左慈困扰的曹操最后也病倒了。接着，出现在曹操面前的是占卜名人管辂。与左慈相比，他是一个性格宽厚的异能者。他看出曹操的寿命不长，怕惹来后患，就寻机离开了曹操。

继左慈、管辂之后，最后与曹操关系密切的异能者是本书第三章"名医"篇中提到的名医华佗，华佗擅长外科手术。在《三国演义》里，建安二十四年（219年），关羽的臂部被毒箭射中受伤，华佗切开了他的臂部并成功治愈，

---

[1] 〔明〕罗贯中. 三国演义（上）[M]. 北京：人民文学出版社，2019：257.

华佗也因此事而出名（见《三国演义》第七十五回）。之后，深受头痛之苦的曹操听到了华佗的事迹，遂命人请他来看病。华佗因此诊断说只能切开头颅去除病根。疑心颇重的曹操认为与关羽关系密切的华佗想以此为借口杀害自己，于是将其入狱拷问，华佗因此死在了狱中。杀死华佗的曹操，结果头痛病恶化，无人医治，最终丧命（见《三国演义》第七十八回）。

如此看来，不信邪的孙策、曹操和异能者的关系，终归是水火不容，难以协调。事实上，《三国演义》里最出彩的异能者、奇人当属诸葛亮（字孔明）。他在赤壁之战前夕，建立七星坛，唤来了东南风。诸葛亮是神秘的奇人，同时也是非常优秀的政治家和军事家。毫无异能的刘备和这位无所不能的超能力者诸葛亮建立了密不可分的信赖关系，可以说刘备是非常罕见的幸运儿。而与孙策和曹操的不幸相比，更突显了刘备的幸运。

10 猛将

说到"猛将",总给人一种英勇无双、驰骋沙场,能披荆斩棘、充满爆发力的勇猛武士的印象。也容易让人想到他们几乎没有智慧或谋略,可以说是没头脑吧。一旦认定就会拼命地、一根筋儿地向敌人进攻。在《三国演义》的故事世界里,与猛将形象最为吻合的是刘备的义弟张飞及曹操的亲卫队队长典韦和许褚。

在早于《三国演义》的评书故事和戏曲《三国志平话》中,张飞是远超过关羽和诸葛亮的大明星。他发挥了破坏性的力量,一方面不管三七二十一就大闹一场,另一方面又愚笨又粗枝大叶,演绎了一个在重要的场合下老爱掉链子的角色。张飞如此强大而滑稽的行为,让听众和读者们发出了阵阵热烈的喝彩，胸中的紧张、郁闷情绪一扫而尽，令人顿觉神清气爽。

至于长篇小说《三国演义》，虽然对张飞这种行为稍有保留，但仍有多处生动地描写了他勇猛善战的形象，如著名的长坂坡之战场景。他仅率领二十骑，就击退了曹操大军，取得胜利。他占据长坂桥畔，其声如惊雷般地厉声大喝道："我乃燕人张翼德也！谁敢与我决一死战？"[1]（见《三国演义》第四十二回）那一幕令人印象深刻。另外，在刘备对诸葛亮三顾茅庐的描写（见《三国演义》第三十八回）中，被惹火了的张飞头冒青烟、口吐粗言。其粗鲁、滑稽的形象在《三国演义》中随处可见，使故事更加生动。

曹操的亲卫队队长典韦和许褚身上虽然看不出滑稽的性格，但他们却一心忠于曹操，发挥勇猛的力量战斗到底，这点毫不逊色于对刘备忠诚无贰的张飞。其中，从一个小兵被选拔出来担任曹操身边护卫的典韦，在建安二年（197年），与弱小群雄之一的张绣的宛城之战中，为了保护遭受意外惨败的曹操，持续进行奋勇战斗，身体数十处受伤，怒目大骂，血流满地，站着气绝身亡（见《三国演义》第十六回）。据说，多亏了典韦的舍身奋战，曹操才得以逃命，

---

[1] 〔明〕罗贯中.三国演义（上）[M].北京：人民文学出版社，2019：365.

他始终没有忘记典韦的英勇献身，一直在为他感到悲伤、惋惜。猛将典韦虽然早早退出《三国演义》，但却是一个给读者留下深刻印象的角色。

剩下的另一人是被称为"虎痴"的猛将许褚。他在典韦去世后，担任曹操身边的护卫。建安十六年（211年），许褚随曹操征讨韩遂、马超于潼关。在与马超的对战中，曹操深陷困境。许褚让曹操乘上小船，他一边划着小船一边防御敌人的箭矢（见《三国演义》第五十八回），发挥超人的力量护送曹操逃离险境。据说曹操去世的时候，他悲叹着号啕大哭，且哭得吐出了血。从典韦、许褚这些猛将的行径来看，可以说曹操身上有着不同于普通"奸雄"的强大人格魅力。

除此之外，吕布和马超也都属于勇猛绝伦之人，但吕布多次背主，马超也不断地更换侍主。他们身上总给人一种阴暗的、很难说是直爽痛快的猛将印象。

11 使者

权力不在皇帝手中,而是分散在各地割据的诸侯手中,因此,各地诸侯之间的外交活动就变得尤为重要,而作为各诸侯的代表与对方交涉的外交使节,使者的作用也不可小觑。其中,有不少使者凭借自己的善辩而取得极大成功的事例。使者活动极为活跃的时期最早可以追溯到春秋战国时代,其次是三国时期。

在三国故事里,说到实力碾压谈判对手的一流使者,刘备的著名军师诸葛亮应属首屈一指。建安十三年(208年),刘备在长坂坡之战中被曹操的精锐部队打败,最后勉强杀出了一条血路逃了出去。途中遇到了孙权的智囊鲁肃,当时鲁肃正在查探荆州局势。诸葛亮与鲁肃商谈后，诸葛亮作为刘备的使者和鲁肃一起入吴，说服孙权和刘备联手抗曹。到达吴国的诸葛亮凭借三寸不烂之舌，一个接一个地驳倒了吴国以张昭为代表的投降派官员，也让犹豫不决的吴军统帅周瑜下定决心进行决战，最终成功地说服了孙权（见《三国演义》第四十三回至第四十九回）。这全凭一己口才与雄辩之力。

诸葛亮凭借口才取得了巨大成功，可与之相反，也有人作为使者虽不成功，但最终也带来了意想不到的结果。此人便是刘璋的谋臣张松。刘焉死后，刘璋接任益州牧。依附于刘焉的张鲁骄纵，不听刘璋号令，于是刘璋便杀死了张鲁的母亲和弟弟，双方化友为敌。刘璋派庞羲为巴西太守，以抵制张鲁进攻。有一次庞羲探知张鲁打算兴兵攻取西川，急忙报告给刘璋。刘璋平生性情懦弱，听到此消息，心中很是担心，急忙召集众官进行商议。此时，张松出面，建议刘璋派人前往曹操处，说服曹操出兵攻打张鲁。于是刘璋就派张松去向曹操寻求帮助。曹操对这个虽有才能，但相貌丑陋的张松很是反感，没有按应有礼节接待，根本不等他把话说完就赶走了他。张松内心怀恨，归途中觉得自己来时在刘璋面前夸了海口，现在空手而归，怕被人耻笑，正好听说荆州的刘备以仁义闻名，于是他就改道拜见了刘备。认为只有这个人才应该成为蜀国的统治者。于是，一回到蜀国，他就说服了刘璋并做好迎接刘备入蜀的准备工作。可是，张松在刘备称霸蜀国之前，就暴露了和刘备的关系，被刘璋处以死刑。但对刘备而言，张松正是为其建立蜀国提供了契机的有功之人。

与魏国和吴国相比，刘备乃至整个蜀国都是势单力薄的一方。由前所述的诸葛亮的事例就可以清楚看出，蜀国很多情况下只能通过外交谈判来寻求出路，而刘备有幸也拥有不少外交能力出众的人才。刘备死后，诸葛亮虽然想出兵北伐，攻打魏国，但他认为首先应当修复与吴国的关系，于是派外交能力卓越的邓芝作为使臣出使吴国。诸葛亮果然没有看错人，邓芝不辱使命，不卑不亢，正面和孙权交锋，终于说服孙权答应和蜀国结盟。会谈结束后，孙权说："若吴、蜀二国同心灭魏，得天下太平，二主分治，岂不乐乎？"邓芝当即引用孟子的话，说："天无二日，民无二王。"[1]（见《三国演义》第八十六回）意思就是吴、蜀之间必有一战，这该是多么有胆量啊。三国故事的趣味性不仅在于

---

[1]〔明〕罗贯中.三国演义（下）[M].北京：人民文学出版社，2019：734.

多个精彩的战争场景，由于诸葛亮、邓芝等使者们的随机应变、充满机智和胆量的军事外交，让局势发生逆天转变，这也同样充满了无比的趣味性。

12 大吼

在三国故事中,"一吼"即通过一声怒吼震慑敌人。因"一吼"而广为人知的应首举长坂坡之战中的张飞。建安十三年(208年),曹操统率大军南下,荆州的刘备主力朝江陵方向开始了拼命的逃亡。但是,因随行中有很多居民,移动速度非常缓慢,在江陵北面的长坂坡被曹操的精锐部队追上。随即展开一场激烈的混战,在这次战役中大展身手的是张飞和赵云。

《三国演义》第四十二回生动地描写了张飞率领二十骑攻占长坂桥,面对蜂拥而来的曹操大军,大吼三声,成功击退曹操大军的情景。他大吼第一声自报家门,发起挑战:"我乃燕人张翼德,谁敢与我决一死战?"其声如巨雷。

听到他震耳欲聋的声音后,曹军将士们都吓得腿脚发抖。第二次大吼连曹操都感到了恐惧。第三次大吼,曹军部将夏侯霸(又叫夏侯杰)落马,以曹操为首的全部军队一齐逃走。没用兵器,单凭大吼声就击退了大军,由此可以看出张飞的大吼声是多么地具有威慑力。

值得注意的是,在《三国演义》之前的评书故事文本《三国志平话》中,更是极其夸张地描绘了张飞大吼一声的威力。文中说在张飞的一声大吼之下,长坂桥都垮塌了,河水倒流。这个异常特别的精彩场面,说书人也极其喜欢提起,但是模仿张飞的大吼声很难。清代初期,据说一位叫吴天绪的说书人"一言不发,只是张着大嘴,瞪着眼睛,用动作行为表示",展示了"沉默的艺术"。通过哑剧,让观众想象一下张飞震天动地的大吼声。

张飞的大哥关羽的大吼声也极有魄力。建安二十四年(219年),由于孙权和曹操联手,关羽在魏军和吴军攻击下,败走麦城,被吴军活捉。关羽大骂孙权"碧眼小儿!紫髯鼠辈",后被杀害。此后,掌管了荆州的孙权,举办了庆祝宴会,犒劳有功之臣吕蒙,并于席间亲自斟酒赐予吕蒙。吕蒙接过酒杯正要喝时,突然把酒杯一下子扔到地上,一把揪住孙权厉声大骂道:"碧眼小儿!紫髯鼠辈!还识我否？"席间将领大惊失色，急忙向前施救。吕蒙推倒孙权，大步前进，坐在孙权的位置上，两眉倒竖，双眼圆睁，大喝道："我自破黄巾以来，纵横天下三十余年，今被汝一旦以奸计图我，我生不能啖汝之肉，死当追吕贼之魂！我乃汉寿亭侯关云长也。"[1]（见《三国演义》第七十七回）众将这才明白，原来吕蒙被关羽的灵魂附体了。孙权大惊，慌忙率领大小将士跪拜。大骂孙权等人的关羽的灵魂离开后，只见吕蒙倒在地上，七窍流血而死。关羽的这一声呐喊，是超越冥界，充满了死者仇恨的一声怒吼。和具有阳刚之气、极具破坏力的张飞相比，实在是让人胆战心惊，肝胆俱裂，令人惊恐不已。在《三国演义》中，还有很多其他彰显大吼威力的例子，但是没有一个能胜过张飞及关羽的大吼。张飞的大吼声让曹操大军溃败；灵魂附体于吕蒙的关羽的大吼，将孙权推入恐怖的深渊，让吕蒙当场殒命。如此罕见的张飞及关羽的大喊，自然而然地显示了他们在《三国演义》中具有的重要地位。

---

[1] 〔明〕罗贯中.三国演义（下）[M].北京：人民文学出版社，2019：660.

13 名将

"名将"不仅拥有超群的武艺,而且能够在危机时刻毫不畏惧,处变不惊,展现出独当一面的卓越的领军打仗之才能。说到这点,让人首先想到的是曹仁。曹操的堂兄弟曹仁从曹操举兵之初就一直跟随曹操征战四方,在众多的激战中立下了汗马功劳。曹操非常信任曹仁,部将们无法应对的困难局面,总是由他来处理。

例如,建安十三年(208年),在赤壁之战中遭遇惨败,准备撤退到华北之际,曹操让曹仁留在荆州,死守南郡。曹仁不负他的信任,以怒涛般的气势与周瑜率领的吴军展开了激烈的战斗。当出击的部将牛金等被吴军包围时,曹仁亲自闯入包围圈,奋勇作战救出了牛金。回头一看仍有几十骑在阵中,又策马回身冲进敌阵,把他们从包围中救了出来,做出了临危不惧、勇闯敌阵营、救手下将士的惊人举动(见《三国演义》第五十一回)。

之后,曹仁放弃南郡北上,驻扎在荆州北部的襄阳和樊城,监视江南的孙权和刘备。建安二十四年(219年),在北上的关羽的猛攻下,襄、樊两城被重重包围,此时又恰逢汉水泛滥,面临遭洪水淹没的危机。曹仁便激励将士坚持到底,死死守住樊城,直到徐晃等率领的援军到达(见《三国演义》第七十四回)。如果不是面对危机有胆识、有魄力的名将曹仁的话,曹军肯定无法阻止乘势而来的关羽的进攻。

同样是曹操手下的将领,张辽也是名将之一。建安二十年(215年),与孙权激战的时候,张辽出色地发挥了其名将风采。当时,合肥是曹操对付吴国的一个战略据点,张辽驻扎于此,遭到了孙权率领大军的突袭。此时,张辽主张"今可发兵出迎,奋力与战,折其锋锐,以安众心,然后可守也"[1](见《三国演义》第六十七回)。率领精锐部队向孙权的大军发起了冲锋,势如破竹般驰骋于战场。

张辽率领军队很快逼近孙权的军营,孙权惊慌失措,

---

[1] 〔明〕罗贯中.三国演义(下)[M].北京:人民文学出版社,2019:581.

死里逃生。击退孙权的张辽英名响彻江南一带,有相关趣闻说:在江南,孩子哭个不停的时候,吓唬说"辽来辽来(张辽来了,张辽来了)",孩子就会被吓得立刻停止哭泣。

曹操手下的这两位名将曹仁和张辽就这样即便处于危机中也毫不退缩,随机应变,成功完成了自己的任务。曹操对他们相当信任,将他们安插在江南的战略要地。说到刘备属下部将中的名将,赵云应当是众望所归。但从孙策、孙权的属下来看,以周瑜为首的优秀军师和猛将不乏其人,但却找不到被称为名将的将领。与人才济济的曹操军团、少而精的刘备军团相比,可以说孙策、孙权军团还是稍逊一筹的。

14 叛徒

说到三国故事中的叛徒,那么首先提起的应该就是吕布了。尽管吕布英勇无双,且在《三国演义》中被认为是杰出的美将,但其品行却不怎么好,不断变节。

他在亲生父亲去世后,成为并州刺史丁原的养子。丁原是个非常刚直的人,中平六年(189年),他在董卓打算废除少帝立陈留王(后来的献帝)的时候,勇于提出异议。丁原身边有吕布,董卓也不能轻易出手。于是董卓就派手下李肃去吕布那里,诱使其叛变。对眼前的利益毫无抵抗力的吕布,经不起董卓赠送的名马赤兔等礼物的诱惑,轻易地背叛了养父丁原,并将其斩首。他又将丁原的首级作为觐见之礼送给董卓,成为董卓的部下,并拜董卓为义父。

之后不久，作为董卓手下的猛将，吕布声名大振，但最终他也同样背叛了董卓。东汉王朝的重臣王允利用貂蝉施美人计，使吕布与董卓二人为貂蝉争风吃醋，最后吕布毫不犹豫地用戟击杀董卓（见《三国演义》第九回）。杀害了丁原、董卓两位义父的吕布，之后进攻曹操的根据地兖州，但最终被击退，逃到了刘备的根据地徐州，这次又把收留他的刘备赶走夺取了徐州。这样一次又一次习惯性的背叛终于使他自食恶果，建安三年（198年），吕布被曹操打败并处以死刑（见《三国演义》第十九回）。吕布无论是武艺、勇猛还是容貌，可以说在《三国演义》中都是出类拔萃的存在，但是他鲁莽无节操，贪财好色，见利忘义，反复无常，屡次背叛，终于落了个自取灭亡的下场。

如果说吕布是《三国演义》前半部分的"背叛惯犯"的话，那么在后半部分的故事里不断动摇的背叛惯犯就是孟达。孟达于建安十六年（211年），与张松、法正合谋将刘备引入蜀。刘备占据蜀后，孟达与刘备的养子刘封一起攻陷荆州北部的上庸并驻扎在那里。但是，建安二十四年（219年），他拒绝了被魏军和吴军夹击的关羽的求援，见死不救。他因害怕被刘备处罚而投降魏国，受到魏国文帝曹丕的厚待。但在文帝曹丕死后，他在魏国的地位也日渐下滑。

于是，太和二年（228年），孟达与以北伐为目标的诸葛亮取得联系，企图重返蜀国，但最终遭到司马懿的突袭而被杀死。可以说他也是摇摆不定的典型背叛惯犯。

顺便说一下，在蜀国除了孟达以外还有一个背叛惯犯魏延。对于反复叛变成为刘备部下的魏延，诸葛亮一开始就看穿了他的本性，认为他一定会谋反；但因蜀国人才不足，不得不重用拥有相应军事能力的他。诸葛亮死后，魏延果然叛变，这件事诸葛亮生前就预料到了，所以魏延陷入诸葛亮生前设下的计谋中，轻易地被消灭了。

三国故事的叛徒吕布、孟达、魏延的共同点是：背叛成了习惯，在不断重复的过程中，伦理观逐渐麻痹，最终自掘坟墓。可以说背叛最终会导致自作自受，自取灭亡。

15

度量

　　三国故事的英雄中，要说有大度量的人，当首选曹操。特别是建安五年（200年），在官渡之战中打败了对手袁绍，成为中原霸主后的曹操，兼具准确的决策力和大度量，充满当红人物的光辉。当时，有两件事突显了曹操的度量之大。

　　一件是对关羽的处理方式。建安五年（200年），曹操对谋反的刘备占据的徐州进行猛攻，刘备败逃投奔袁绍，关羽战败被生擒。应张辽的劝说，关羽提出三个附带条件才投降，其中之一便是一得知刘备去向，即请辞。虽如此，但对他赞赏有加的曹操仍不死心，许以高位，赠送贵重物品，想方设法欲将他收归麾下，可是却没能打动对刘备忠心耿耿的关羽。所以，关羽在得知刘备的去处后，没有征得曹操许可就离开了曹营，一路冲破了阻挡去路的曹军五个关口，怒斩阻拦的六个曹军守将，成功逃脱。这就是众所周知的"美髯公千里走单骑，汉寿侯五关斩六将"[1]（见《三国演义》第二十七回）的故事情节。当时，曹操非但没有生气，反而说："彼各为其主，勿追也。"制止了愤怒的部下，还说"此等人吾深敬之"，并为他饯别，爽快地目送关羽离去。正是由于他如此大的气量，曹操和关羽之间才产生了超越敌我的羁绊。后来赤壁之战后，战败的曹操被围追堵截，走投无路，身陷险境时，反被关羽所救，于华容道放其归去。

另一件事，就是官渡之战胜利后，对一些信件的处理方式。袁绍撤退后，从一些战利品中检出曹操的部下私下送给袁绍的信。当时，曹操说："当绍之强，孤亦不能自保，况他人乎？"[2]就命人把信全部烧掉，不再追究写信人的罪行（见《三国演义》第三十回）。这时的曹操充满了自信，是一位胸襟开阔、宽宏大量的英雄。但是，晚年时的曹操权力欲突增，猜疑心增强，宽容之心也随之锐减。他成为中原霸者，是在心胸宽广，宽宏大度之时，可以说那是曹

---

[1] 〔明〕罗贯中. 三国演义（上）[M]. 北京：人民文学出版社，2019：234.
[2] 〔明〕罗贯中. 三国演义（上）[M]. 北京：人民文学出版社，2019：270.

操的全盛期。

除此之外，战力生猛的吴国孙策也是一位有度量之人。他对战败投降的太史慈深信不疑，力排众议，准许了太史慈提出的带着军队前来的请求。太史慈也投桃报李，诚心追随孙策。这是一个有名的小插曲，从中可以看出孙策的宽容大量。曹操和孙策关键时刻都能心怀大度，彰显出自己知人善任、不计前嫌的容人之量。然而乍看之下具有包容力的刘备，实际上却难以称得上有此度量。由于接受了因无处安身而四处逃窜的吕布，结果却导致被吕布夺去自己安身的城池徐州，只能说是识人不明。有度量和识人不明是根本不同的。乱世英雄的气度，必须拥有敏锐的判断力与洞察力，即使接受了异类或难以容忍的人，自己也不会因此受到损害，才能适得其所。

16 后裔

三国故事发生的时间,从2世纪后期的东汉末年起,到3世纪后期的三国灭亡、西晋统一全国止,历时约百年。在这期间的3世纪前期,以曹操、刘备为首的第一代人依次退场,之后就到了他们子孙的时代。

我们首先看看曹操的子孙吧。众所周知,围绕着曹操的后继之位,儿子曹丕和曹植展开了激烈的争斗,最终曹丕取得了胜利。曹丕于延康元年(220年),曹操死后九个月,接受了汉献帝形式上的禅让,建立了魏王朝,成为皇帝(魏文帝)。冷静的合理主义者曹丕不仅有权谋,而且文才也很高。与他被视为唐代以前最伟大诗人的弟弟曹植相比,他虽稍有逊色,但也极具文学才能。不过,他在位六年就去世了,长子曹睿成为第二代皇帝(魏明帝)。曹睿的母亲是曹操攻陷袁氏一族的根据地邺城时,曹丕一见钟情、娶而为妻的"命运美女"甄夫人。曹丕即位后，甄夫人被立为皇后，不久却因为惹怒曹丕而被赐死。因此，曹睿本也难以被指定为继承人，可他最终还是继承了皇位。顺便说一下，败给曹丕的曹植在侄子曹睿那一代也还活着，但是因为遭受迫害，辗转于偏僻地区的领地，几乎一直处于被软禁状态，后抑郁而死。曹植和甄夫人的悲剧，可以说是很早就为曹魏王朝的覆灭埋下了伏笔。

黄初七年（226年），刚即位的曹睿是位英明的皇帝。但是，后来他渐渐地沉溺于奢淫无度中，朝廷政务处置失当情况渐趋明显。景初三年（239年），明帝去世，被视为一族之子的年幼的齐王曹芳坐上了第三代皇帝的宝座。事实上，曹芳的出身有很多不清楚的地方。之后，曹魏王朝逐渐走向衰退。在此情况下，诸葛亮的对手司马懿，其长子司马师、次子司马昭，以及司马昭的长子司马炎，历经三四代人谋划了周密的篡夺魏王朝政权的计划。泰始元年（265年），司马炎终于推翻魏王朝即位（晋武帝），建立了西晋王朝。在此之前，即甘露五年（260年）曾发生了高贵乡公曹髦因不堪忍受司马氏专权秉政，而举兵讨伐司马昭，惨遭杀害、横死街头的事件。曹髦是曹操的曾孙，司马氏强逼齐王曹芳退位，推他为傀儡皇帝。他妄想夺回权力而惨遭不幸。作为明知不可为而为之的曹氏后代高贵乡公的遭遇，也仅仅是明显走向衰落的魏王朝做出的垂死挣扎。

与被司马氏推翻走向灭亡的曹魏及因内部纷争而混乱不堪的吴国相比，刘备的蜀王朝则是相对稳定的。黄初四年（223年），刘备将平庸的长子刘禅托付给诸葛亮后去世。之后，刘禅完全依赖诸葛亮，即使在诸葛亮死后约三十年，他一直都坐在皇帝的宝座上。刘禅虽然无能，但却不姑息养奸，品行也并无邪恶之处。蜀国与皇权频繁交替的魏、吴不同，没有内讧。直到景元四年（263年），被掌握魏国实权的司马昭灭亡为止，刘禅都平安无事地活了下来。灭亡后，被移送到洛阳的刘禅丝毫感觉不到亡国的悲哀，喜气洋洋地享受着洛阳的生活。司马昭看到后慨叹道："虽使诸葛孔明在，亦不能辅之久全。"[1]（见《三国演义》第一百十九回）父亲刘备虽然没有较强的领导能力，但却有着吸引众豪杰的魅力。乐不思蜀的刘禅，可以说是一个非常率真，随遇而安，令人恨不起来的人物。

吴国孙权是继父亲孙坚、哥哥孙策之后的第三代诸侯，他比曹操和刘备年轻二十岁以上，又很是长寿，所以一直活到三国故事的尾声。但是，进入老年的孙权再无昔日的风貌，

---

[1] 〔明〕罗贯中.三国演义（下）[M].北京：人民文学出版社，2019：1019.

因为继承人问题失策，留下了祸根。孙权死后，吴国内部陷入泥潭之中，孙权的儿子孙亮、孙休虽然相继即位，但均在短时间内要么被迫退位，要么病死。之后，吴王朝最后的皇帝孙皓（孙权的孙子）即位。孙皓原本头脑清晰，有着像其大祖父孙策的优秀素质，但却支撑不住已经衰落的吴王朝，最终陷入荒淫无度、疯狂残杀对其不满的臣子等极其暴虐的境地。咸宁六年（280年），在西晋军的猛攻下，孙皓被迫投降，吴国最终灭亡。然而，孙皓被俘，移送至洛阳后，却丝毫不低头，与西晋武帝司马炎针锋相对，不失吴国最后一位皇帝的尊严。在《三国演义》第一百二十回中对这样的孙皓进行了生动描写。最终在末世生存的孙皓，未能像在乱世中的先辈孙策和孙坚那样，在战场上大展雄风，战死沙场。

三国故事里的三位英雄曹操、刘备、孙权的后裔，从悲壮的高贵乡公、头脑简单的刘禅、与众不同的孙皓等人的例子中可以明显看出，他们与在乱世中成长、不断进取的伟大父辈、祖辈们不同，在王朝颓败，大势所趋中，以各自的方式被迫走向衰亡。即使他们演好了剧终的角色，三国乱世也终将结束。

17 兄弟

在三国故事里，各自独立、充分发挥自己的个性、大展身手的兄弟，首推诸葛瑾、诸葛亮兄弟二人。他们出身于琅琊郡阳都县，由于父亲早逝，诸葛亮和弟弟诸葛均跟随任豫章郡长官的叔父诸葛玄，于初平四年（193年）左右，远渡江南。不久叔父投靠荆州的刘表，诸葛亮兄弟也移居荆州。顺便说一下，诸葛瑾和两个弟弟没有在一起，他单独前往江东。建安五年（200年），孙策死后，诸葛瑾成为继承人孙权的座上客，并深受其信赖，之后成为吴政权的重臣之一。

另一方面，诸葛亮在叔父死后仍留在荆州继续过隐遁生活。众所周知，建安十二年【207年，《三国演义》中为建安十三年（208年）】，刘备"三顾茅庐"请求诸葛亮出山，诸葛亮遂成为刘备的一位著名的军师，直至建立蜀王朝。只是，关于诸葛亮的弟弟诸葛均，在正史《三国志·蜀书·诸葛亮传》中完全没有记载他远渡江南后的消息。与此相反，在《三国演义》中，他和诸葛亮一起在襄阳郊外的隆中之丘（卧龙冈）过着隐遁生活。刘备拜访的时候，他代替不在家的诸葛亮来应对的情景也被生动地描绘出来（见《三国演义》第三十七回）。另外，诸葛亮应刘备的请求离开卧龙冈的草庐时，对诸葛均说："汝可躬耕于此，勿得荒芜田亩。待我功成之日，即当归隐。"[1]（见《三国演义》第三十八回）当然，诸葛亮未能回来。从此以后，诸葛均在《三国演义》中再也没有出场过，但像哥哥诸葛亮的影子一样安静地生活着的他，给读者留下了难以忘怀的印象。

作为吴国政权的核心人物，诸葛亮的哥哥诸葛瑾的真实形象也是与之比较相称的，是一个诚实、稳重的人。但在《三国演义》中，却被设定为诸葛亮的陪衬角色，被描绘成一个滑稽的人。例如，建安十三年（208年），诸葛亮作为刘备的使者出使吴国之际，周瑜为了让诸葛亮效忠于吴国，派诸葛瑾前去说服。然而，诸葛亮反劝他说道："弟

---

[1]〔明〕罗贯中.三国演义（上）[M].北京：人民文学出版社，2019：332.

与兄皆汉人。今刘皇叔乃汉室之胄，兄若能去东吴，而与弟同事刘皇叔，则上不愧为汉臣，而骨肉又得相聚，此情义两全之策也。不识兄意以为何如？"[1]（见《三国演义》第四十四回）诸葛瑾对此无以反驳。建安十九年（214年），刘备占领蜀国，孙权要求归还借给他的荆州诸郡，派诸葛瑾前往成都进行交涉。结果，诸葛瑾却被诸葛亮施计捉弄得东奔西走，最终也未能取得任何进展（见《三国演义》第六十六回）。

由于诸葛瑾是吴国的重臣，他实际上在诸葛亮和吴国间也起到了牵线的作用。建兴元年（223年），蜀国和吴国再次结盟时，诸葛瑾明里暗里做了不少事情。顺便说一下，诸葛瑾、诸葛亮兄弟的族弟诸葛诞辅助魏国，被称为"蜀得其龙，吴得其虎，魏得其狗"[2]（见《世说新语·品藻》）。被比喻为"狗"的诸葛诞，其结果是向司马氏发动叛变而败亡。但不管怎么说，在三国鼎立状况下，从分侍三国的诸葛一族中可以窥探出中国人不管在任何情况下都是很注重家族延续的，这点很有意思。

---

[1] 〔明〕罗贯中.三国演义（上）[M].北京：人民文学出版社，2019：388.
[2] 〔南朝宋〕刘义庆著；〔南朝梁〕刘孝标注；余嘉锡笺疏.世说新语笺疏[M].北京：中华书局，2011：441.

三国故事里，除诸葛氏兄弟外，还有孙策、孙权兄弟，曹丕、曹植兄弟等值得大书特书的兄弟，对他们的故事已经在本书其他章节进行了论述，请参阅相关章节。

18 诗人

　　三国故事中的英雄曹操是个文武双全之人,他既是优秀的军事家、政治家,同时也是一流的兵法家及杰出的诗人。在《三国演义》第四十八回中,与周瑜率领的吴军在赤壁之战的前夜,浮船于长江之上,曹操横槊赋诗《短歌行》的场面,展现了曹操作为诗人的一面。曹操的儿子曹丕和曹植也都是优秀的诗人。在立嗣之争中获胜的曹丕提出难题,让弟弟曹植七步内作出诗,否则就会受到严厉的惩罚,曹植马上就创作了《七步诗》(见《三国演义》第七十九回)。描写欺负弟弟的曹丕和以示抗争的弟弟曹植兄弟之间的对话故事,这原本就在魏晋的笔记小说《世说新语·文学篇》中有所描述,《三国演义》对此更是以有趣、夸张的形式将其描写了出来。

曹植的事暂且不提，曹操在作者不明的乐府诗（民谣）中以五言为基调的抒情诗领域，是一位第一次以个人身份创作作品的诗人。因此，曹操享有中国文学史上"最初的诗人"之荣誉。对时代动向敏锐的曹操，其才华在文学领域也得到了很好的发挥。在曹操的倡导与影响下，以被称为"建安七子"的孔融、陈琳、王粲、徐干、阮瑀、应玚、刘桢等人为首，众多的文人聚集在一起，竞比才能，形成了充满活力的文学沙龙。

"建安七子"之一的孔融是孔子的二十世子孙，不久便成为曹操旗下的文人。但是，他自尊心很强，喜欢评议时政，言辞也很激烈，最终因得罪曹操而被杀。陈琳是擅长撰写章表书檄的高手，在辅佐袁绍的时候，曾写了一篇痛斥曹操的檄文。袁绍死后，他投降了曹操，继续为曹操撰写檄文，是一位颇有影响的乱世文人。王粲出身名门，十七岁时曾受司徒征辟，又被召为黄门侍郎。王粲因为长安局势混乱，战乱不断，没有赴任。不久，他前往荆州去投靠自己的同乡、荆州牧刘表。建安十三年（208年）刘表病死后，曹操率大军南下，王粲劝刘表的儿子刘琮归顺曹操，之后王粲自己也成为曹操旗下的文人。这些人在《三国演义》中也时常出场，给以战争为主调的故事增添了异样的色彩。

像这样，这些文人们都拥有无法用普通手段来概括的动荡不安、激变的人生经历。而创建了辉煌的文学盛世、拥有如此多文人墨客的曹操，其胸襟之宽阔至今仍让人感叹不已。顺便一提，曹操及其旗下的文人，甚至是其儿子曹丕、曹植等人所创作的诗篇，凭借刚健遒劲的风格，被后世称为"建安风骨"，一直称颂至今。

曹操的两个儿子曹丕和曹植也是曹操文学社团的重要成员，曹植更是出类拔萃。他因慷慨激昂的五言诗，被一些文学史评价为唐代以前最伟大的诗人。虽然他在与曹丕的立嗣之争中败北，度过了充满悲剧的后半生，但令人讽刺的是，这后半生的经历成为他创作优秀作品的源泉，他的诗风变得更加敏锐、感性。哥哥曹丕作为诗人与曹植相比，虽然稍有逊色，但他充分发挥其缜密的资质，在文学评论、文学理论等领域取得了惊人的成就。现存不全的《典论·论文》就是曹丕所著，这是中国最早的文学理论批评专著。

三国时期看起来是终日战乱不休的乱世，但另一方面也提供了一个从过去僵硬的表现形式开始飞跃的文学舞台，以曹操及其旗下的文人们为代表，产生了新的文学表现形式。乱世是一个被搅乱的世界，是从根本上刷新所有价值观的时期。

19 高手

道教思想家之一的列子（公元前5世纪末—前4世纪初）与其弟子所著的《列子》中记载有这样一个故事：有一个名为纪昌的弓箭高手，他成功地射穿了附在一根细发上的虱子的心脏。虽然虱子有没有心脏还不清楚，但这名弓箭手确实拥有超乎想象的能力是个事实。三国故事中也有箭技不亚于纪昌的弓箭手。首先是吕布。

虽然缺乏智谋，但精通百般武艺的猛将吕布尤其擅长射箭。兴平二年（195年），被曹操击败的吕布逃亡，投奔徐州的刘备。后来又趁刘备与袁术作战时袭取了徐州，赶走了刘备。刘备及其手下不得已退至小沛。不久淮南的袁术又派遣大军攻打小沛。惊慌的刘备向吕布请求救援。

吕布虽然接受了袁术的大量贿赂物品，答应协助，但认为放任袁术消灭刘备对自己来说不是上策，于是改变态度，出兵援助刘备。吕布派人把刘备和袁术军大将纪灵叫到自己的军营，担任停战的调解人，意在让双方停战，但却难以达成协议。等得不耐烦的吕布，让人把画戟插在离中军一百五十步的辕门（军营之门）外面，对刘备和纪灵说道："吾若一箭射中戟小枝，你两家罢兵；如射不中，你各自回营安排厮杀。"[1]（见《三国演义》第十六回）说完后，一箭射出，正中画戟小枝。可以说是个奇迹。由于弓箭名手吕布的神奇射箭技术，使刘备摆脱了困境。在《三国演义》里，可以说吕布几乎没有什么人格优点，但这个场景的确是他最为闪光的场面。

刘备手下的老将黄忠也是弓箭高手。黄忠原本是长沙太守韩玄的部将，在赤壁之战后的建安十四年（209年），刘备攻打荆州南部的四个郡（零陵郡、桂阳郡、武陵郡、长沙郡）时，黄忠与猛攻长沙的关羽连续三天进行了一对一的较量。第一天，黄忠、关羽大战一百多回合不分胜负，太守韩玄害怕黄忠有失，所以鸣金收兵。第二天的激战中，黄忠因战马失蹄而坠落马下，关羽见此情景饶了黄忠一命，

---

[1] 〔明〕罗贯中.三国演义（上）[M].北京：人民文学出版社，2019：143.

道:"我且饶你性命!快换马来厮杀!"[1]（见《三国演义》第五十三回）第三天,黄忠换了一匹战马后两人又进行了单枪匹马的对决,黄忠假装输了,要逃走,关羽追了上去。黄忠为报关羽前一天的不杀之恩,在关羽追来时先是虚射两箭。关羽见两次都没有箭飞过来,认为黄忠箭术不佳,就放心地追到了城门上的吊桥边。此时,黄忠从吊桥上拉弓射箭,弦响箭到,正射在关羽的盔缨根上。关羽大吃一惊,带着箭回到营寨,他才知道黄忠有百步穿杨之能,今日只射盔缨,正是报昨日的不杀之恩。这是一个表现出两位猛将"战场仁义"、惺惺相惜的故事。黄忠在韩玄被杀后,接受了刘备的诚恳请求,成为他的部下,在之后的战场上成功地大放异彩。

除吕布和黄忠之外,孙策的部将太史慈也是弓箭高手。他追随进攻江东的孙策,在攻击严白虎所掌控的吴郡时,对城墙上大骂不已的敌人副将甚是激愤,就拿来弓箭对部下说:"看我射中这厮左手!"[2]（见《三国演义》第十五回）话语未落,弦声响起,太史慈一下就将副将的左手射穿,钉在了护梁上。

---

[1] 〔明〕罗贯中.三国演义（上）[M].北京：人民文学出版社,2019：452.
[2] 〔明〕罗贯中.三国演义（上）[M].北京：人民文学出版社,2019：137.

这里列举的三位著名的弓箭手，在关键时刻都展示了其精彩绝伦的箭术，目睹这一幕的人们无不目瞪口呆，遂赞不绝口。在这些场面中，他们左右开弓射箭的身姿流露出主人公进行武艺表演的趣味。在《三国演义》的故事世界里，时不时就会有这样一位有着绝技的高手登场，让读者感到欢欣鼓舞的兴奋感。应该说是作者有意对故事情节的巧妙展开吧。

20 眼泪

三国故事的英雄人物中，动辄泪流不已的是刘备。建安十三年（208年），曹操率领大军进攻江南。当时在新野的刘备军队为了避开曹操的进攻，立刻南下。因为随着刘备军队转移的还有荆州一带的居民，所以转移的速度异常缓慢。诸葛亮等人担心这样下去，很快就会被曹操的军队追上，就建议抛弃居民。然而，刘备却大哭着说："举大事者必以人为本。今人归我，奈何弃之？""皆因恋我，遭此大难"[1]（见《三国演义》第四十一回）。刘备没有同意将领们的建议，不久，就被曹操的精锐部队追上了。

相对于爱痛哭的刘备，他的对手曹操则是胆大无敌，

---

[1] 〔明〕罗贯中.三国演义（上）[M].北京：人民文学出版社，2019：356-359.

给人一种逢事总爱自嘲或大笑的印象。但是，建安二年（197年），曹操在与张绣交战的宛城之战中惨败，亲卫队队长典韦为保护他，壮烈战死。这位遇事爱笑的枭雄曹操却一反常态，为典韦举行丧葬仪式时，痛哭不已（见《三国演义》第十六回）。顺带一提，曹操爱将参谋郭嘉病死的时候他也恸哭着说"天丧吾也"。（参照第二章"谋士"的内容）

坚强勇敢的将领关羽本应也是与眼泪无缘的人物，但他在《三国演义》的故事当中也有流泪的场景。建安二十四年（219年）末，关羽被曹操和孙权联军攻击，仅率领三百多个士兵固守在麦城。不久粮草枯竭，关羽为了寻求救援，决定与两百多士兵一起突破敌人的包围圈，前往蜀国。此时，负责死守麦城的是部将周仓和王甫。

关羽出击时，王甫恸哭着送别说："某与部卒百余人，死据此城，城虽破，身不降也！专望君侯速来救援！"[1]（见《三国演义》第七十七回）关羽流泪告别了他们。然而终因敌我兵力众寡悬殊，最终关羽被活捉，之后遭孙权杀害。得知其死讯的周仓和王甫也自杀身亡。听天由命，满怀悲壮出击的关羽、发誓只待救援的周仓和王甫，他们告别时流下的离别之泪真是充满无限哀伤，令人为之动容。

---

[1] 〔明〕罗贯中.三国演义（下）[M].北京：人民文学出版社，2019：657.

另外还有，蜀国建兴六年（228年），诸葛亮在第一次北伐中，因爱将马谡自作主张不遵授意而丢失战略要地街亭，导致北伐失败，冷静的大军师诸葛亮则毫不留情地处死了马谡。但是，当看到马谡的首级时，还是忍不住长时间地痛哭流涕。对此深感不解的重臣蒋琬问："今幼常得罪，既正军法，丞相何故哭耶？"于是诸葛亮回答说："吾想先帝在白帝城临危之时，曾嘱吾曰：'马谡言过其实，不可大用。'今果应此言。乃深恨己之不明，追思先帝之言，因此痛哭耳！"[1]（见《三国演义》第九十六回）诸葛亮的话语及他流下的眼泪中，含有较为复杂、五味杂陈的想法：既有未能接受先帝（刘备）的提醒导致马谡死亡的自责之念，又有对马谡的惋惜、对刘备的追思之情。另外，关于马谡的处刑，请参照第二章"军纪"。

充满仁爱之心的刘备的眼泪、痛悼爱将之死的曹操的眼泪、与部下悲伤离别的关羽的眼泪、饱含复杂感情的诸葛亮的眼泪，三国故事中英雄流下的眼泪，总的来说都是为相互建立了深厚信赖关系的人而流的，我们从中也可以看出英雄们内心充满深情厚谊的真情流露。

[1] 〔明〕罗贯中. 三国演义（下）[M]. 北京：人民文学出版社，2019：825.

21 敬意

景元四年（263年），魏国的实权者司马昭派军大举进攻蜀国，蜀国灭亡。两年后，司马昭的长子司马炎灭魏即位（晋武帝），建立西晋王朝。及此，三国之中的蜀国和魏国相继灭亡。残存的吴国也是摇摇欲坠，直至咸宁六年（280年）被西晋灭亡，也算苟延残喘了十五年。在最后一个场景中，作为荆州方面的主帅，吴国的陆抗驻扎在江口，西晋的羊祜驻扎在襄阳，双方隔江对峙。在这样的对峙中，他们之间却建立了超越敌我、互相充满敬意的信赖关系。

两人中，陆抗出身吴国名门，是继周瑜、鲁肃、吕蒙之后成为吴军总指挥的陆逊的二儿子，他的母亲是孙策的女儿。其父陆逊最终成为吴国丞相，但是晚年卷入孙权的立嗣之争。他提出拥立太子孙和，但意见未被采纳，于孙吴赤乌八年（245年）愤恨而死。七年后，孙权留下立嗣祸根去世，孙亮、孙休相继做了皇帝（原太子孙和在孙权在世时被废除）。孙吴元兴元年（264年），废太子孙和的儿子孙皓即位。陆抗拥戴这超乎想象的暴虐天子孙皓，与西晋对抗。可以说吴之所以得以存续，完全是有赖于刚强正直而有能力的陆抗的奋战。

另一方面，西晋的羊祜也是出身于魏至西晋年间的名门，他是东汉末年的大学者蔡邕的外孙（著名女诗人蔡琰是其叔母），其姐姐嫁于司马师。顺便提一下，羊祜的妻子是投降蜀国的夏侯渊的二儿子夏侯霸的女儿。有不少人动不动就以此为借口对他进行刁难，但羊祜却完全不予理睬，一如既往地疼爱自己的妻子。单凭这件事就可以看出他是个勇敢而又耿直的人。

就这样，继承了各自祖先优秀血统的陆抗和羊祜，互相敬慕对方的人品和能力。有一次，羊祜收到陆抗赠送的酒，手下提醒他说可能是毒酒，羊祜断言说"抗非毒人者也"后对着酒壶，一饮而尽。另有一次，羊祜给生病的陆抗赠药，陆抗同样对质疑羊祜送的药非良药的部下说"岂有酖人羊叔子哉！汝众人勿疑"[1]（见《三国演义》第一百二十回），他毫不犹豫地服用该药，第二天病就好了。

就这样两人建立了深厚的信赖关系，在对峙期间，双方边境平静，无战乱之扰。但是，孙皓怀疑陆抗暗通西晋，不久就降其职，找人取代了他。不过，这是《三国演义》里的故事，在正史《三国志·吴书·陆逊传》中记载，孙吴凤凰三年（274年），陆抗就任大司马荆州牧的高职，并在任职地病逝。

不管怎么说，吴国的顶梁柱陆抗不在了，羊祜认为攻击吴国的好机会到来了。西晋的咸宁二年（276年），羊祜向晋武帝司马炎请求征伐吴国。但是，因遭到安于享乐的众臣们反对，没有实现。两年后，羊祜隐退回乡。不久羊祜身患重病，向前去探病的武帝推荐了杜预来接替自己的职位，之后就离开了人世。优秀的军事家兼历史学家杜预继承了羊祜的遗志。咸宁五年（279年），杜预上书晋武帝申请讨伐吴国，之后对吴国发动了总攻。咸宁六年（280年）三月，在西晋军的大举进攻下，孙皓投降，统治江东约九十年的孙吴政权灭亡。至此，魏、蜀、吴三国均灭，"自

---

[1] 〔明〕罗贯中．三国演义（下）[M]．北京：人民文学出版社，2019：1025．

此三国归于晋帝司马炎,为一统之基矣"[1](见《三国演义》第一百二十回)。

竭尽全力支持行将灭亡的吴国的陆抗以及高度评价陆抗的气概和能力的羊祜之间充满敬意的信赖关系,成了装点三国故事剧情幕终的一服清凉剂。

---

[1] 〔明〕罗贯中.三国演义(下)[M].北京:人民文学出版社,2019:1032.

第二章 读懂「战」

22 军粮

东汉末年，常年战乱不断，农业生产遭到破坏，粮食极度缺乏，甚至出现"人吃人"的现象。在此种状况下，各诸侯的军队是如何筹措军粮的呢？

建安元年（196年）曹操成为东汉献帝的辅佐人，在陈寿撰、裴松之注引《三国志·魏书·武帝纪》引的《魏书》中，可以看到以下记载：

> 诸军并起，无终岁之计，饥则寇略，饱则弃馀……袁绍之在河北，军人仰食桑椹。袁术在江、淮，取给蒲蠃。[1]

---

[1] 〔晋〕陈寿撰；〔南朝宋〕裴松之注.三国志[M].北京：中华书局，2011：11.

这种解决粮食问题的权宜之计很难维持长久的战斗力。于是，建安元年（196年），曹操采纳属下枣祗和韩浩等人的意见，在许附近实行屯田制，第一年就收获了以麦类为主的粮食一百万石。于是，曹操便下令把该项举措推广到各州郡，以筹措当地的军粮。随着该措施的推广，军队的粮食问题得到改善，曹操的英明决策也得到了广泛认可。

不过，建安五年（200年），在和袁绍争夺天下的官渡之战中，曹操竟然因为军粮短缺而被迫撤退。这大概是屯田推广速度赶不上战线扩大速度的缘故吧。由于袁绍的参谋许攸倒戈投降，曹操根据他的提议突袭了袁绍的粮食基地乌巢，军队的粮食危机才得以解除。袁绍军大败，曹操大获全胜。取得巨大胜利的曹操成为华北地区的霸主。当时，袁绍的粮食基地所储存的粮食种类也几乎全是麦类和杂粮。

率领大军远征时最大的难题就是粮食问题。蜀国的著名丞相诸葛亮与大国魏国周旋，长达六次的北伐（也有说法为五次）中最苦恼的也是这个问题。建兴十二年（234年），最后一次北伐的诸葛亮总结过去因军粮短缺而惨败的经验教训，为保障粮草供给，使用运货车"流马"不断运送粮食。同时，在五丈原的军营地开设屯田，准备长期驻留。三国时期屯田原是魏国始祖曹操的"专利",聪明的诸葛亮很好地研究并吸取了敌人的长处,使其成为自己的"专长"。不幸的是诸葛亮壮志未酬,病逝在五丈原,如果他仍健在的话,屯田大概可以发挥巨大威力,让魏军的统帅司马懿"忙"个不停吧。

战争需要军队,军队需要军粮。对于这个简单而又根本性的问题,曹操和诸葛亮不断研究有效的解决办法。他们在这方面都做得相当出色,可以说是三国故事中最优秀的英雄。

檄文

檄文是指古代统治者或战争中某一方在战前用来征召、晓谕或声讨的一类军事文书,是宣扬己方的正义、攻击对方的布告文,从古时殷、周时代开始使用。檄文的目的在于"使百尺之冲,摧折于咫书,万雉之城,颠坠于一檄者也"[1](见《文心雕龙·檄移》)。也就是说,凭借文章的威力,不战而屈人之兵。

《昭明文选》第四十四卷中收录了西汉以来最优秀的檄文五篇,其中《为袁绍檄豫州》和《檄吴将校部曲文》两篇是三国故事中最有名的檄文高手陈琳的作品。陈琳原是东汉外戚何进的主簿,何进被宦官杀害后,依附袁绍,

---

[1] 〔南朝梁〕刘勰著;黄叔琳注;李详补注;杨明照校注拾遗.增订文心雕龙校注[M].北京:中华书局,2012:284.

善于撰写文章。

当时，他的杰作就是《为袁绍檄豫州》，写于建安五年（200年），也就是官渡之战前夕。文中他向豫州（刘备）及各郡的长官，彻底揭露了曹操的罪状，并呼吁袁绍才是值得信赖的人。众所周知，曹操的父亲曹嵩是东汉末年大宦官的养子。陈琳在文中攻击曹操"操赘阉遗丑，本无懿德操"，意思是说曹操是宦官阉人的后代，本来就没有品德节操，毫不留情地痛斥并揭露了曹操宦官家庭出身的弱点。

据说收到这份檄文的时候，曹操因头痛的老毛病正在睡觉。但是在浏览到该檄文的瞬间，他全身毛骨悚然，出了一身冷汗，头痛也不知不觉就好了。这篇陈琳的檄文篇幅相当长，但在《三国演义》第二十二回中收录了全文，因此曹操的轶事也毫无遗漏地被记录下来。

陈琳呕心创作的檄文并没有发挥作用，袁绍在官渡之战中败下阵来，两年后去世。建安九年（204年），曹操攻陷了袁氏一族的根据地——今属河北省，俘虏了陈琳。曹操责备在檄文里骂得自己狗血淋头的陈琳，结果陈琳说："箭在弦上，不得不发耳。"[1] 对这句豪言壮语赞叹不已的曹操，原谅了陈琳的罪行，把他吸纳为旗下的文人。这一段故事

---

[1] 〔明〕罗贯中. 三国演义（上）[M]. 北京：人民文学出版社，2019：288.

在《三国演义》第三十二回有所描写。

此后，陈琳成为曹操旗下的七名优秀文人"建安七子"之一，为曹操写了很多檄文。不得不说他是一个笔锋惊人却也见风使舵的人物。不过，陈琳也为曹操撰写了《檄吴将校部曲文》（前文已述），却太过冗长，缺乏魄力。让曹操震惊的《为袁绍檄豫州》才是显示天才陈琳真本事的好文，也可以说是历代檄文中的最高杰作之一。

24 名马

说到三国故事中最有名的马,应该首举"赤兔"。赤兔最初的主人是吕布,吕布乘名马"赤兔",被誉为"人中有吕布,马中有赤兔"[1]之事在《三国志·魏书·吕布传》裴松之注引《曹瞒传》有所记载。《三国演义》这部作品中对此浓墨重彩地进行了润色。中平六年(189年),董卓之乱开始时,董卓的使者李肃拜访吕布,同时将金银财宝及日行千里的天下名马"赤兔"作为礼物送与他,用来拉拢并说服他杀掉养父丁原,追随董卓(见《三国演义》第三回)。吕布一见到全身如火红色的"赤兔"马时就狂喜不已,即刻听从李肃的话,杀了养父丁原,投降董卓。从

---

[1] 〔晋〕陈寿撰;〔南朝宋〕裴松之注.三国志[M].北京:中华书局,2011:184.

那以后的九年间，一直到建安三年（198年）被曹操打败杀死为止，吕布骑着的马一直是"赤兔"。

吕布被杀以后，赤兔马落到了曹操手中，不久就遇到了真正的主人。建安五年（200年），关羽附带条件归顺曹操时，曹操想把关羽收归麾下，就开始采用礼物攻势，把赤兔马也赠送给了他。不久，关羽刚一知道刘备的去处，就立马把曹操赠送的礼物封置于库中，把官印放置于堂上，只带走了赤兔马，踏上了投奔刘备的征途（见《三国演义》第二十五回至第二十六回）。从那以后，赤兔马与他征战沙场，患难与共，一刻都没有离开过关羽，直到建安二十四年（219年）关羽被孙权抓获并杀害为止。关羽死后，赤兔马数日内一口草也不吃直到生命消逝（见《三国演义》第七十七回），可以说它是一匹有气节而又让人爱怜的名马。从中平六年（189年）到建安二十四年（219年），赤兔马在《三国演义》中驰骋了整整三十年。实际上，关羽和赤兔马死了之后，也经常"现身"于人世。关羽死后在《三国演义》中"显灵"，很多时候都是骑着赤兔马，带着关平和周仓出现的。

虽说在三国故事里活跃的机会不多，但拯救刘备的"的卢"马也是令人难以忘怀的名马。建安十二年（207年），刘备依附于荆州刘表，被邀请参加宴会，在宴会上获信得知蔡瑁要设计害死自己。危机时刻，刘备急忙骑着的卢马逃跑，但檀溪的急流挡住了去路。他回头一看，发现追兵已经快要追上。刘备惊慌不已，策马跳下溪流。可走了没几步，的卢马的前蹄就陷在水中。于是刘备挥鞭大喊道："的卢，的卢！今日妨吾！"[1]（见《三国演义》第三十四回）说完，只见那马忽然从水中纵身跳起，一跃三丈，瞬间跳到对岸，救了刘备。这个故事原本在正史《三国志·蜀书·先主传》的裴松之注的《世语》中也有记载。顺便说一下，"的卢"指的是额头有白色斑点的马的总称，被认为是会给骑手带来不幸的凶马。当有人告诉刘备说此马会带来灾难时，刘备说："但凡人死生有命，岂马所能妨哉！"[2]毫不介意地骑在了的卢马身上，想必刘备的这种胸怀感动了的卢马，所以的卢马才能在危急时刻瞬间一跃而起带他摆脱困境吧。

不管是赤兔马还是的卢马，三国故事中的名马只有在遇到好主人后才能发挥其真正价值，从这个意义上来说不管是人还是马都是如此。

---

[1] 〔明〕罗贯中. 三国演义（上）[M]. 北京：人民文学出版社，2019：304.
[2] 〔明〕罗贯中. 三国演义（上）[M]. 北京：人民文学出版社，2019：300.

25 桥

在战场上,"桥"成为故事发生的重要背景的场景很多。《三国演义》中,曹操军队和刘备军队之间有一场极其壮烈的战役叫"长坂坡之战"(见《三国演义》第四十二回),在该场战役中发生的与桥相关的逸闻特别有名。

建安十三年(208年),曹操率领大军南下,进攻刘备的栖身地荆州。刘备主从立刻开始向南避难,可是因为不仅有军队,而且还有多达十万的荆州北部居民跟随,所以行路迟缓,不久就被紧追不舍的曹操的精锐部队赶上。双方立刻发生激烈冲突,展开了一场异常猛烈的肉搏战。

在这里大显身手的是杀出血路,救出刘备年幼儿子刘禅(阿斗)的赵云以及用气吞山河的声音阻止了曹军的张飞。张飞虎须倒立,瞪大铜铃般的眼睛,紧握蛇矛,挡在长坂桥上,向蜂拥而来的曹操大军连喊三声道:"我乃燕人张翼德也!谁敢与我决一死战?"听到此话,曹操的官兵腿脚发抖,连曹操也害怕得想撤退。曹操的亲随部将等听到张飞的第三次怒吼声的瞬间,竟然因为过于害怕而从马上滚落下来。曹军惊慌失措地撤退后,张飞砍断长坂桥,斩断了追击,刘备一行平安脱逃。

这是《三国演义》第四十二回中的故事,这个场面自古以来就在评书的世界里很有名。元末出版的评书文本《三国志平话》中就有记载,而且在《三国志平话》(见卷中五)中,张飞一吼,"叫声如雷贯耳,桥梁皆断。曹军倒退三十余里"[1]。可见《三国志平话》中张飞声音的威力比《三国演义》还要夸张得多。怒吼声把桥都给震断了,实在很厉害。

顺便一提,清代初期的著名说书人吴天绪在说这个场面的时候,张飞的超人般的大声音怎么也模仿不来,"一言不发,只是张着大嘴,瞪着眼睛,用动作行为表示",展现了"沉默的艺术(哑剧)"(前文已述)。这是一个

---

[1] 〔元〕佚名.全相平话五种(古刻版)[M].杭州:浙江人民美术出版社,2017:425.

相当有趣的故事。

长坂桥的这一段可以说是《三国演义》中与"桥"相关的故事的亮点。除此之外，建安二十年（215年），孙权攻打曹操江南的据点合肥时，"桥"也成为重要的舞台背景（见《三国演义》第六十七回）。当时，孙权被合肥的守将张辽逼到绝境，想要渡过小师桥逃跑，但是桥面破损，对面一丈多远的地方竟没有一块木板。孙权听从属下建议，先退回三丈多远，然后纵马加鞭，一下子就跳到了对岸。

在日本的古典曲艺中，说到桥，就有一种深奥莫测的氛围，即桥起到连接阴阳两界桥梁的作用。另一方面，《三国演义》中的桥，多作为战场上决胜负、定生死的重要场所。虽然没有什么深不可测的氛围，但从某种意义上来看，桥或许也可以说是阴阳两界的分隔线。

26 生擒

三国故事的"生擒"有多种情况,其中最常见的是将自己欣赏的人活捉,使之心服而成为自己部下。兴平元年(194年),曹操活捉许褚的例子就是如此。当时,许褚聚集壮丁和宗族数百人为了抵御贼兵入侵,修建起坚固的防御设施,加强防卫。一天,与追逐黄巾军首领何仪的曹军典韦相遇,双方遂进行了一场一对一的激烈较量。观战的曹操看中了许褚的勇猛,施计活捉了他,并竭尽全力地劝他归入自己的军队。许褚感受到他的诚意,就率宗族数百人归降了曹操(见《三国演义》第十二回)。此后,许褚成为曹操军队的头号猛将。典韦死后,许褚成为曹操的亲卫队队长,大显身手。

这个例子不管是对于施计的曹操来说，还是对于被捉的许褚来说无疑是奇遇幸事，但也并非所有事情都如此顺利。建安十三年（208年），在长坂坡之战中，赵云怀抱刘备的儿子刘禅（幼名阿斗）驰骋于战场，所向披靡。看到此景的曹操，对英勇无敌的赵云深感佩服，想活捉并降服他。于是让士兵停止了攻击，但是却事与愿违，也因此让赵云得以脱逃（见《三国演义》第四十一回）。另有关羽，虽然不是被生擒，但他是附带条件投降，之后仍然是弃曹操而逃。可见，曹操的生擒作战计策的准确率还有待商榷。

甩掉曹操的关羽也和生擒有着很深的缘分。建安二十四年（219年），关羽向曹仁驻扎的樊城发动猛烈攻击时，曹操让于禁和庞德带领军队，前去支援曹仁。其中于禁是曹操军的老人，而庞德原是马超的部将，是在不得已的情况下向曹操投降的新加入者。势不可挡的关羽击破了这支援军，活捉了于禁和庞德的时候，他们的不同表现却让人完全出乎意料。于禁拜伏于地，乞求饶命；而庞德则是立而不跪，对关羽骂不绝口，终被处死。（见《三国演义》第七十四回）得知这个消息的时候，曹操叹息道："于禁从孤三十年，何期临危反不如庞德也！"[1]（见《三国演

---

[1]〔明〕罗贯中.三国演义（下）[M].北京：人民文学出版社，2019：643.

义》第七十五回）在被生擒这种绝境下，人会暴露出出人意料的一面。生擒于禁和庞德的关羽最终也被孙权活捉，面对劝降的孙权，大骂他："碧眼小儿！紫髯鼠辈！"（见《三国演义》第七十七回）最终被处死。

在三国故事中生擒的例子有很多，除了曹操和关羽间的生擒之事外，还有生擒太史慈并使其投降的孙策，第一次北伐中逼迫魏国天水郡年轻的勇将姜维投降的诸葛亮等。其中既有像曹操和许褚、孙策和太史慈、诸葛亮和姜维那样，成就两者理想的主从关系的事例，也有像庞德和关羽那样，因为被捉而壮烈赴死的情况。可以说三国故事里的生擒剧可以分为悲喜两种剧情。

27 火攻

在三国故事中，"火攻"和"水攻"是战役中经常使用的战术，而曹操和火攻战术渊源颇深。曹操在以兖州为根据地巩固势力的时候，两次遭遇敌人的火攻，饱受其苦。一次是兴平元年（194年）与吕布在濮阳进行激战时的事。兴平元年（194年）四月，曹操第二次讨伐陶谦，当时刘备在陶军中，派使者与曹操讲和。恰在这时，曹军留守张邈、陈宫勾结吕布造反，吕布袭破兖州，占据濮阳。曹操闻讯后率领军队撤军，在靠近濮阳处安营扎寨，以图收复失地。其间，在与吕布争夺濮阳城时，曹操陷入吕布参谋陈宫的计谋，进入濮阳城的一瞬间，遭遇到了火攻。在猛将典韦的奋战下好不容易死里逃生，据说"手臂须发，尽被烧伤"[1]（见《三国演义》第十二回），其景象甚是凄惨。

第二次是三年后发生的事。建安二年（197年），曹操出兵征伐弱小的张绣，张绣降服。松懈的曹操迷上张绣去世叔父的美丽妻子，贪图欢乐，结果中了张绣的参谋贾诩的计谋，遭遇火攻。当时，贴身护卫典韦被张绣灌得烂醉如泥，善用的兵器两戟也被拿走。但是，多亏典韦身无片甲仍拼命地死守阵门，曹操才保住了性命（见《三国演义》第十六回）。宛城之战的惨败，使曹操失去了无比忠诚的典韦、长子曹昂及侄子曹安民，受到了沉重的打击。值得一提的是，让曹操一败涂地的贾诩，在那之后向曹操投降，此后作为精明强干的参谋大显身手。

就这样，曹操在濮阳之战、宛城之战等连续火攻中遭遇了惨败，但在建安五年（200年），他在与袁绍的官渡之战中，却凭借火攻转败为胜。曹操听从许攸的建议，用火攻突袭了袁绍大军的粮食、军需基地乌巢。因此，处于绝对优势的袁绍大军全盘崩溃，袁绍只好带领部队逃走。

通过官渡之战，曹操似乎克服了不善应对火攻的弱点，可是之后又一次陷入了被火攻摧毁的困境。那就是建安

---

[1]　〔明〕罗贯中. 三国演义（上）[M]. 北京：人民文学出版社，2019：102.

十三年（208年）冬天的赤壁之战。官渡之战之后，曹操历经数年时间，消灭了袁绍的残余势力，称霸中原。为一统天下，曹操率领大军南下，凭借长坂坡之战击垮了刘备军，控制了荆州。接着他盯上了孙权掌控的江东，攻下了长江。这时，孙权的内部将领之间，围绕是战是降展开了激烈的争吵。在诸葛亮的游说下，以周瑜和鲁肃为代表的主战派压制了投降派，孙权下定决心与曹操进行全面对决。

于是，周瑜率领的总计两万吴军，将在赤壁与曹操号称水陆百万的大军进行对决，毕竟是众寡悬殊，总都督周瑜想尽一切办法离间曹操。首先利用反间计除掉了曹操的水军统帅蔡瑁等人。蔡瑁是荆州出身，深谙水性，是曹操的水军统帅，也是此次战役中令周瑜最担心之人。恰逢曹操派使者来劝降，于是周瑜就利用来劝降的老朋友蒋干，诱导他盗走假的蔡瑁等人的"投降书"，散播虚假情报。曹操遂信以为真，将他们处死。为了向曹操的军营发起火攻，周瑜又与老将黄盖上演"苦肉计"，让黄盖假降。然后进献"连环计"，派遣刘备军师庞统给曹操献计，让曹操把战船用大铁索连在一起。当时的曹操似乎一点也不像有头脑的奸雄，中了苦肉计和连环计。他既相信了黄盖的假降，又听从庞统的建议用铁锁链把船队连起来。

周瑜虽成功地进行了前期工作，但要想对曹操军队进行火攻，东南风是不可或缺的。如大家所知，诸葛亮如魔术师一样，借来了不合时节的东南风（见《三国演义》第四十九回），一切准备就绪。假降的黄盖率领着装有点火装置的战船群，冲进了曹操的水军基地，使连在一起的曹操船队燃烧了起来。大火借助东南风很快就烧到了岸边，曹操的陆地营寨转眼间也变成了火海。号称百万的曹操军被仅仅两万的周瑜军歼灭，曹操统一天下的野心也在一瞬间破灭。

曹操大概很不擅长火攻，尤其是在之前的宛城之战和赤壁之战那样处于绝对优势的时候，一遇到火攻的奇袭战术，马上就会有惊慌而逃的倾向。周瑜施展绝代智谋的赤壁之战，可以说是凭借连曹操都上当的巧妙计谋和痛击其弱点的火攻战术，取得了奇迹般的胜利。不过，在关键时刻其暴露出的毫无防备性，被抓住弱点就惊慌失措、吃败仗等方面，也确实不该是以乱世奸雄著称的曹操所应具有的性格。

28 水攻

"水攻"和"火攻"一样,在关键时刻使用的话,是同样可以取得显著成效的重要战术。曹操就是运用水攻战术打败了强敌,开启了称霸中原的系列战。曹操首先通过水攻作战方案,成功消灭了吕布。曹操和吕布的战斗持续了四年之久。兴平元年(194年),吕布乘机攻入曹操的根据地兖州,起初虽有锐不可当之势,但经过连续激战,第二年被曹操击退。失去去处的吕布投奔了掌控徐州的刘备,不久他却将刘备赶走,夺取了徐州。曹操收留了投靠自己的刘备主从,联手攻打吕布,但久攻不下。建安三年(198年),曹操根据郭嘉和荀彧的进言,让沂水和泗水两河之水决堤,向吕布所属的下邳城发起了水攻。虽勇武出众,但缺乏智谋的吕布在洪水淹没的城内无计可施，过着自暴自弃的生活，最后被手下活捉，遭曹操处死（见《三国演义》第十九回）。消灭了凶猛的吕布，曹操就毫无顾忌地准备和最大的对手袁绍决战。

建安五年（200年），曹操在官渡之战中取得大捷，袁绍败走，但逃回冀州根据地的袁绍势力仍不容小觑。曹操真正开始称霸冀州乃至中原是在建安七年（202年）袁绍病死之后。袁绍死后，长子袁谭和成为继承者的弟弟袁尚两人间的矛盾激化，引起了严重的家族动乱。曹操巧妙地利用这一动乱，使袁谭与袁尚兄弟的关系彻底决裂。曹操于建安九年（204年），趁袁尚出兵攻击袁谭之际，引入漳河之水，对冀州城进行水攻，最终攻陷了冀州。正是因为这次水攻作战，曹操把袁氏一族的根据地收入囊中，成为名副其实的中原霸主。顺便一提，在冀州城陷落之时，也发生了一个戏剧性事件。当时，曹操的儿子曹丕最先入城，他对袁绍的二儿子袁熙的妻子甄氏一见钟情，向曹操提出娶她为妻（见《三国演义》第三十三回）。

常被敌人的火攻作战方式给打得溃不成军的曹操，通过水攻作战也取得了连续胜利，但是在那之后，他也有遭遇水攻而蒙受惨痛打击的情况。不过这不是史实，而是《三国演义》虚构的故事。建安十三年（208年），称霸中原的曹操率领大军南下，首先猛攻刘备军队驻扎的荆州新野，但在这次战役中，由于诸葛亮的水攻作战遭遇惨败。

根据《三国演义》第四十回所述，曹军的头号猛将曹仁和曹洪率领十万大军作为先锋，进攻新野城时，城中空荡荡的，不见一人。曹仁认为刘备主从带着居民逃跑了，就让全军入城休息。结果三方城门起火，城中瞬间变成了一片火海。惊慌失措的曹仁率领官兵从唯一没有起火的东门逃出，不久来到了白河岸边。曹仁大军刚想松口气，让人和马匹休息，结果气势滔天的洪水从上游倾泻而下，人和马匹很快被淹没在水中，溺死了很多人。从新野城的火攻到白河水的泛滥，都是诸葛亮的计谋。关羽根据诸葛亮的指示在上游截流白河水，等到曹仁的军队到达白河水畔时放开阻拦的水，使水一泻而下，引起河水泛滥。曹仁虽然受到诸葛亮火攻和水攻的双重打击，但仍然杀出一条血路逃走了。

顺便一提，曹仁和关羽可以说是命中注定的对手，十一年后的建安二十四年（219年），双方再次对决。这一年，从荆州根据地北上的关羽包围了曹仁驻扎的樊城，对其进行了猛烈攻击。当时，因连日雨水，汉水泛滥，樊城也被水淹没，顽强的曹仁却一直坚守在被水淹没了的城内。曹操派于禁和庞德前去救援。出面迎击的关羽向在河口作战的于禁等人的军队进行了水攻，将其彻底击破。曹操军的老将于禁很快就投降了关羽，庞德则因拒绝投降而被处死。身为老将的于禁瞬间变节，而刚从马超的部将转为曹操属下不久的将领庞德却誓死不屈，对此，曹操惊愕不已。不过，关羽飒爽英姿的精彩场面就到此为止。之后，其气势逐渐消失，直至战败而死。

从仿佛要吞噬中国北方的霸主曹操的极具冲击力的水攻，到关羽的那种带着无尽黑暗意味的水攻，三国故事中的水攻作战如大家所见，交织着各种各样电视剧般的故事情节。

29 军师

"军师"给人的印象,往往是深受领导信任,在军事、政治及外交等各方面都部署全局性、根本性战略并付诸实施的人物。提到三国故事中的这种人物,让人首先想到的就是诸葛亮。

建安十二年【207年,《三国演义》中为建安十三年(208年)】,刘备亲自前去拜访诸葛亮,去了三次才见到诸葛亮,这就是有名的"三顾茅庐"。一见面,诸葛亮就对刘备提出了"天下三分之计",并指明了今后应该采取的全局性、根本性的战略。刘备对他深感佩服,在以后的行动中完全信赖诸葛亮,几乎把所有的事情都委托给诸葛亮来决断。从与孙权结盟、赤壁之战到与孙权的荆州争夺战,从蜀战略制订到蜀王朝的建立，攻克了无数个难关。正是因为军师诸葛亮出类拔萃的智谋，才使原本寸土都没有的流浪英雄刘备坐上了蜀国皇帝之位。

诸葛亮文武双全，既有文官敏锐的政治头脑，又有指挥战斗的军事头脑。《三国演义》中，多次描绘了军师诸葛亮统率军队，指挥关羽、张飞等刘备军的猛将取得胜利的场面。建安十三年（208年），曹操统率大军南下之前，让夏侯惇以十万大军猛攻刘备军驻扎的新野。当时，受刘备的全权委托，诸葛亮用奇袭战法漂亮地击退了曹军，使关羽和张飞心服口服（见《三国演义》第三十九回）。以这场博望坡之战为开端，在《三国演义》中，诸葛亮在战斗现场指挥，运筹帷幄的场面不胜枚举，其中也有《三国演义》的虚构故事，也可以说是夸张地描绘了具有卓越军事才能的军师诸葛亮的形象。当然，诸葛亮之所以能在文武两方面如此大显身手，与刘备的绝对信任也是分不开的。

另一方面，说到曹操的最高军师，应该就是荀彧了。但是，荀彧在曹操出征时，主要任务是负责留守，不怎么出现在战斗现场。例如，在建安五年（200年）的官渡之战中，他停留在曹操的根据地。当曹操来信示弱想要撤退的时候，他回信说"此用奇之时，断不可失"[1]（见《三国演义》第三十回），对曹操起到了激励的作用。总之，荀彧始终是在遥远的后方运筹帷幄的文官，在战斗现场担任指挥的曹操也兼任军师的角色。而且，曹操和刘备不同，是任何事情都能自己判断的领导类型，所以，之后和荀彧的关系恶化也是必然的趋势。

吴国孙权的最高军师是周瑜，周瑜和诸葛亮一样文武双全。他在制订孙吴政权基本战略的同时，如赤壁之战中表现的那样，在军事方面也有着天才的一面。周瑜也是孙权的哥哥孙策的好友，孙权相当尊重他。但是，周瑜不幸英年早逝，未能有时间作为军师尽情地大显身手。

如此看来，要想成为三国故事中的大军师，就必须具备文武两方面的卓越才能，同时，来自最高统帅的全面信赖或敬重等要素也都是不可缺少的。

---

[1] 〔明〕罗贯中.三国演义（上）[M].北京：人民文学出版社，2019：263.

30 谋士

"谋士"不同于制订全局性、根本性战略的"军师",他们是根据战况制订军事战略或作战方案,向长官提出建议的人。

从这个意义上来说,受惠于有勇有谋的谋士最多的就是曹操了。曹操周围有很多有名的谋士,如荀攸、程昱、郭嘉、贾诩等,其中曹操最喜爱、最信赖的是郭嘉。

郭嘉在建安元年(196年)左右,经荀彧推荐开始辅佐曹操。他作为谋士活跃的时期是从建安五年(200年)的官渡之战到建安十二年(207年)曹操称霸北方的几年间。曹操连年持续北伐,征战的自然条件极其恶劣,在这期间郭嘉经常随其左右。其生前的最后一幕，被逼入绝境的袁绍的儿子袁尚和袁熙逃到乌桓族的统治区域，曹操欲乘胜追击，诸将都反对，只有郭嘉一人赞成追击。得到支持的曹操毅然进行远征，打败了乌桓族，灭掉袁氏一族，称霸北方。不过，郭嘉自己因病未能参加这次远征，在远征途中的易州疗养，未等到曹操凯旋就因病去世。回到易州的曹操闻讯大哭着说："奉孝死，乃天丧吾也！"[1]（见《三国演义》第三十三回）

曹操对有才的读书人心存戒心，但只有对郭嘉是特殊的，失去他的曹操总觉得犹如失去了左膀右臂。建安十三年（208年），在赤壁之战中败北落魄的时候，他悲叹道："若奉孝在，决不使吾有此大失也！"[2]（见《三国演义》第五十回）让程昱等众谋士自惭不已。郭嘉是个清高孤傲的人，因此引起了众多争议。但大概也正是郭嘉那样直爽、胸襟坦荡的性格，才是曹操所好吧。

同时，曹操精明强干的参谋贾诩与坦荡的郭嘉形成了

---

[1]　〔明〕罗贯中.三国演义（上）[M].北京：人民文学出版社，2019：295.
[2]　〔明〕罗贯中.三国演义（上）[M].北京：人民文学出版社，2019：433.

鲜明对比。贾诩原是董卓的部将李傕、郭汜的参谋，后成为群雄之一张绣的谋士。建安四年（199年），张绣投降曹操后，他就转而成为曹操的谋士。可以说贾诩是一位资深的"流转"谋士。贾诩头脑灵活但也有阴险的地方，如建安十六年（211年），曹操苦战马超不下时，他制订离间计，离间马超和其盟友韩遂。曹操写了一封关键处被涂抹的书信，派人送给韩遂。头脑简单的马超见信后立马中计，怀疑韩遂与曹操私通，结果落了个战败的下场（见《三国演义》第五十九回）。由此说明贾诩的攻心术高超，但总让人觉得有点阴鸷，给人的印象不佳。

据《三国志·魏书·贾诩传》记载，贾诩作为谋士发挥了其聪明才干，但他也意识到自己不断变节的经历，所以在私生活方面谨小慎微，以防为人所诟病。支持曹丕即位后，贾诩官拜太尉，位列三公（最高级别的三位大臣）之一，功成名就，去世时七十七岁，可谓是善于审时度势、聪明至极。

三国故事中虽然出现了很多出色的谋士，如吕布的谋士陈宫、为刘备攻占蜀国作出巨大贡献的法正等，但我认为都比不上前文提到的曹操的谋士郭嘉和贾诩。不过，他们的能力得以充分发挥需要一定的条件，那就是正确的作战计划和策略，且有一位英明的领导。对一阴一阳的贾诩和郭嘉二人能够识才善用，应该说曹操是个少有的领袖吧。

31 军纪

在三国故事中，因特别重视"军纪"而闻名的是曹操和诸葛亮。他们在思想上属于重视法律和刑罚的"法家"，对违反军纪、法令者毫不留情，严格处罚。比较有名的是《三国志·魏书·武帝纪》裴注的《曹瞒传》中记载的一段故事。曹操年轻的时候曾任洛阳北部尉，负责首都洛阳北部的治安。一到任，他就申明禁令，严肃法纪，备五色大棒悬挂衙门，凡违反禁令者皆用五色棍棒打死。所以，曹操任职期间，违反夜间通行禁止令的人被常备的五色棒打死是常态，就连汉灵帝宠爱的宦官的叔父也因违反了夜间通行禁令，被曹操用五色棒打死。洛阳居民都震惊不已，没有敢再犯的人。因此，曹操军纪严格是自不必说的，在《三国演义》

第十七回中，就有彰显其钢铁般军纪的一幕。

建安三年（198年），曹操出征讨伐张绣，恰逢麦子成熟的季节，曹操让人告诉沿村的父老乡亲，自己军队中凡是有践踏麦田者，全部格杀勿论。村民感激不已，纷纷欢迎曹操的军队。哪里知道曹操的马竟然跳入麦田，践踏了小麦。曹操为了服众，认为自己也应该严守军纪，就挥刀欲自刎，被手下阻止。于是，曹操就割发以示服刑。可以说这是一场演技相当完美的表演，但也因此让曹操军的官兵胆战心惊，之后就没有人敢违反军纪了。

诸葛亮是一位非常有能力的行政家。在蜀王朝建立后，奉行严格的法治主义以巩固政权基础。同时，作为一个军事家，他也是一个不讲情面、相当严厉的人。建兴六年（228年），第一次北伐是因为诸葛亮的得意门生马谡违背军令而作战失误，最后以失败告终。这时，诸葛亮对马谡说："汝今犯法，休得怨吾。"并告诉他身后事不用担心，然后挥泪把马谡斩首，看到马谡尸首时，诸葛亮大哭不已。这就是《三国演义》中有名的"诸葛亮挥泪斩马谡"。见多识广的刘备对诸葛亮高估马谡才能感到担忧，临终之际，他提醒诸葛亮"马谡言过其实，不可大用"。尽管如此，诸葛亮还是重用马谡而导致失败，但他不沉溺于个人感情，按律泪斩马谡，真不愧是诸葛亮。

建兴九年（231年）的第四次（也有说法是第五次）北伐之际，尽管战况进展顺利，但是负责押运粮草的总负责人李严因遭遇下雨导致的道路泥泞，延误了时间。他为了推卸责任，掩盖过失，还放出了虚假的信息，致使诸葛亮率领的蜀军不得不撤军。班师回朝后，诸葛亮查明真相，打算对违反军纪的李严处刑。但是，重臣蒋琬鉴于李严的功绩而恳求饶他一命，最终李严被剥夺官位，贬为平民（见《三国演义》第一百一回）。之后，李严每天都过着忧郁的生活。三年后的建兴十二年（234年），诸葛亮病逝，李严复出的希望破灭，不久就绝望地发病而死。可以看出，诸葛亮的严惩主义绝对不是不讲理的，而是基于让受罚者信服之上的。

曹操和诸葛亮虽然都处于以力量对决的乱世中，但却一直保持着重视法律和规则的冷静。可以说，他们有建立组织的逻辑性头脑，其超群的"组织感"和普通英雄是截然不同的。

32 地图

在古代中国，地图被用作重要工具的轶事应该首选"荆轲刺秦王"的故事。战国末期，荆轲应燕太子丹的请求，刺杀秦始皇（当时是秦王的嬴政）。荆轲在秦宫殿面见秦王时，从呈上的地图中抽出藏在其中的匕首，袭击了秦王。

三国故事中，地图虽没有发生过被作为隐匿匕首等危险品的工具的事件，但却常被用为传达具体地理信息的工具。如建安十二年【207年，《三国演义》中为建安十三年（208年）】，刘备三度拜访诸葛亮才终见其面时，诸葛亮指着地图，给刘备提出"三分天下之计"（见《三国演义》第三十八回）。当时诸葛亮给刘备看的地图是《西川五十四州图》，也就是益州（蜀）地区的地图，上面画着益州的五十四县（州是错误的）。诸葛亮指着地图告诉刘备："先取荆州为家，后即取西川建基业，以成鼎足之势，然后可图中原也。"看着地图，听了诸葛亮的话，刘备感激地表示"顿开茅塞，使备如拨云雾而睹青天"[1]。这是诉诸视觉印象的地图的威力。

刘备和地图结缘颇深。四年后，他又拿到了蜀国的详细地图。建安十六年（211年），割据汉中的张鲁欲进攻刘璋驻地。听闻此事的刘璋感到恐慌不安，就派遣能说会道的手下张松向曹操求救。但是，曹操很讨厌傲慢、猥琐的张松，没按礼节接待他，很快就把他赶了回去。愤怒的张松在回程中就前往荆州的刘备处，结果深受刘备厚待。对此感动的张松，对软弱的刘璋不喜，坚信刘备才是统治蜀国的人物，于是劝他攻打蜀国，并献上他亲笔画的详细的蜀国地图（见《三国演义》第六十回）。回到蜀国的张松和朋友法正等人商量，说服刘璋以讨伐张鲁的名义，准备迎接刘备入蜀，刘备也应邀前往蜀国。在《三国志·蜀书·先主传》裴注《吴书》中记载，刘备见到张松等人的时候，他们在地上画了蜀国的地图，说明了地形。《三国演义》的作者以该记载为基础，对其进行了夸大和虚构。

---

[1] 〔明〕罗贯中.三国演义（上）[M].北京：人民文学出版社，2019：331.

《三国演义》中还有一个地图的故事与诸葛亮有关。蜀建兴三年（225年），南中诸郡与南方异族领袖孟获联手发起叛乱。诸葛亮为了讨伐叛乱，兴兵南征（南中征伐）。他好不容易平定了各郡，想要进一步平定南方异族，遂征求官员吕凯的意见。吕凯当时是永昌郡的官员，虽然处于叛乱的旋涡中，但始终忠实于蜀国王朝。诸葛亮问起，他就把自己制作的南方详细的地图《平蛮指掌图》献给了诸葛亮。诸葛亮非常高兴，任命吕凯为乡导官（向导），率领大军前往孟获统治的南方内地（见《三国演义》第八十七回）。

　　地图可以为前往未知地方的人提供各种各样的信息。在三国故事中，地图对于远征的军队来说也是不可或缺的东西。《三国演义》中随处可见的这些奇特的"地图故事"，可以说是基于历史事实创作出来的。

33 政变

中平六年（189年），东汉的外戚何进（灵帝的继承者少帝的生母——何后的哥哥）和司隶校尉袁绍密谋，为了扫除盘踞于东汉朝廷的宦官，计划政变。但是，不久就失败了，他反而被宦官杀死。当时，应何进的请求，武将董卓率领大军出动，一鼓作气控制了首都洛阳，施行暴政，东汉王朝名存实亡，时代进入群雄割据的乱世。何进的政变失败正是导致三国乱世的直接诱因。

反对何进政变计划的曹操，在董卓掌握实权后，逃离洛阳回乡，筹集资金举兵，成为群雄之一。建安元年（196年），曹操听从荀彧等人的意见，把有名而无权的皇帝汉献帝（少帝的异母弟）迎接到洛阳，取得了"挟天子以令诸侯"的地位，成了实际的掌权人。随着曹操的权力增强，汉献帝及其周围的人都感到了威胁。为了挽回劣势，他计划了两次诛杀曹操的行动。

第一次是始于建安四年（199年），历时五年。汉献帝给外戚董承（汉献帝祖母董太后的外甥）秘密下达"衣带诏"，让董承想方设法诛杀曹操。西凉军阀马腾甚至刘备也都卷入其中。规模虽然很大，但因事情泄露，最终以失败而告终（见《三国演义》第二十回至第二十一回）。第二次发生在十五年后的建安十九年（214年），汉献帝的妻子伏皇后和她的父亲伏完主导密谋诛杀曹操，同样又因事情败露，被曹操镇压，结果伏皇后及伏氏一族全部被杀（见《三国演义》第六十六回）。

诛杀曹操的政变计划，可以说是没有任何成功希望、比较仓促拙劣的计谋。但也有准备周全，使政变起死回生，取得成功的例子。那就是诸葛亮的对手司马懿的政变计划。司马懿作为魏王朝的重臣，于黄初七年（226年），接受初代皇帝文帝的遗命成为第二代皇帝明帝的辅佐大臣。景初三年（239年），又接受明帝的遗命成为其继承者齐王曹芳的辅佐大臣。但是，他受到同为齐王曹芳辅佐大臣曹爽（曾经是司马懿的上司的曹真的儿子）的排挤，成为无实权的太傅，无法施展手脚。就这样，大约十多年间，司马懿假装一个连说话都说不全的老人，一味地隐忍负重，蒙骗了曹爽一派。嘉平元年（249年），趁着曹爽等人到郊外祭陵的时机，成功发动政变，一举控制了京都洛阳，将曹爽一派一网打尽（见《三国演义》第一百六回）。司马懿时年七十一岁。

司马懿凭借战场上练就的深谋远虑之能及一心拉下曹爽的执念，掌握了魏王朝的实权。之后，历经长子司马师、二儿子司马昭、孙子（司马昭的长子）司马炎等三代四人，想方设法篡夺了曹氏的魏王朝，建立司马氏的西晋王朝。

如此看来，可以说三国分裂和动乱的时代是由何进政变失败拉开序幕，而由司马懿政变的成功拉上了帷幕。从何进的失败到司马懿的成功，正好是六十年。时代的车轮一直在滚动着。

34

奇策妙计

在三国故事中，经常能看到通过妙计即出人意料的奇妙战术，奇袭敌人后方，彻底摧毁敌人，取得重大胜利的例子。其中最具代表性的是建安五年（200年）曹操与袁绍的官渡之战。通过该场战役，处于绝对劣势的曹操出奇制胜，打败了袁绍，实现了以弱胜强、起死回生的大逆转。

曹操和袁绍的对战陷入久持不下、粮食不足境地之时，袁绍的谋士许攸投降曹操。许攸提议，袁绍的粮食基地乌巢守备薄弱，如果突袭的话，必定能给袁绍致命的打击。曹操立刻接受了许攸的建议，并付诸实施，亲自率领五千官兵，"打着袁军旗号，军士皆束草负薪，人衔枚，马勒口"[1]（见《三国演义》第三十回），小心行进不让敌人察

---

[1] 〔明〕罗贯中.三国演义（上）[M].北京：人民文学出版社，2019：266.

觉动静，到达了乌巢，一口气烧掉了袁绍的粮草。就这样，曹操不仅歼灭了乌巢守备部队，而且还击破了袁绍赶来救援的部队，使袁绍军溃不成军。这正是运用妙计作战而取得成功的案例。顺便一提，此时袁绍的手下张郃也投降曹操，之后成为了曹军的猛将之一。

十七年后的建安二十二年（217年），刘备称霸蜀国，派张飞和马超直逼曹操属地汉中，攻击驻扎在汉中的张郃和夏侯渊。得此消息，曹操非常愤怒，立刻让曹洪率领五万官兵前去救援张郃。曹洪到达汉中后，让张郃、夏侯渊各据险要，自己亲自率兵前去迎战，在下辩与马超军相遇，双方展开激战，曹洪阵前将马超部将任夔斩于马下。听到下属汇报的马超让官兵紧守隘口，不与曹洪正面交锋，等候上级最后指令。曹洪见马超连日不出，害怕有诈，于是率军退回南郑。张郃见此情形，询问其缘由，并向曹洪主张先行击破张飞，同时主动请战与张飞对决。然而，张飞运用佯装整日饮酒毫无防备、伪装撤退等各种作战策略将张郃耍得团团转，最后用奇策妙计一举击败了固守在瓦口关的张郃军。当时，张飞注意到了沿着山阴小道避难的居民，从他们那儿得知沿那条小路就能走到瓦口关的正后方。于是立刻率领军队沿着此小道向瓦口关突袭（见《三国演义》

第七十回）。他不仅英勇善战，而且竟然还能想出如此巧妙的计策，只能说张飞的成长是非常显著的。

四十六年后（263年），进攻蜀国的魏军主将邓艾所施奇策也是导致蜀国灭亡的直接诱因。当时魏军分两路进攻蜀国，邓艾与另一路指挥钟会矛盾激化。他认为应该先下手为强，于是兵走险招，率领两千军越过了阴平的险峻小道。在面对最后关口的悬崖峭壁时，"艾令先将军器撺将下去。艾取毡自裹其身，先滚下去"[1]（见《三国演义》第一百十七回）。这一路的艰辛万苦简直是无以言表。凭借这一冒着生命危险的计策，邓艾军以出人意料的速度出现在成都附近，给蜀国王朝的君臣以沉重的打击，使其提前灭亡。

奇策被用于孤注一掷的关键时刻，如果好好图谋，确实能一举成功打破僵局，是一种可以让战局瞬间逆转、令人心情振奋的战术。但是，这种计策一旦一步走错，就无比凶险。能否成功，那就全凭运气了。这里列举的都是凭时运、抱着"不入虎穴，焉得虎子"的决心，赌上身家性命才侥幸获得成功的例子。

---

[1] 〔明〕罗贯中.三国演义（下）[M].北京：人民文学出版社，2019：1001.

35

间谍·谍报

在你死我活、征战不休的三国故事里,间谍暗中进行的谍报活动,可谓是家常便饭。三国故事里,时常可以看到利用间谍,开展将计就计的巧妙战术。

建安十三年(208年),在赤壁之战中,吴军领袖周瑜就运用了该战术,导致具有绝对优势的曹操完败。在前哨战中败北的曹操,派遣和周瑜是发小的幕僚蒋干前去打探动静,周瑜就将计就计利用蒋干演了一场戏。周瑜举行欢迎宴会,假装醉醺醺睡着,故意让蒋干看到曹操军的成员蔡瑁和张允的来信。这封信的内容暗示了他们暗中勾结周瑜,当然这是周瑜捏造的假信。高兴的蒋干偷了这封信,赶紧拿回去向曹操报告。曹操闻讯勃然大怒,斩杀了蔡瑁和张允。事情结束的瞬间，曹操突然意识到自己中了圈套，虽然后悔，但已于事无补（见《三国演义》第四十五回）。利用充当间谍角色的蒋干，让曹操怒火中烧，判断失误，错失良将。这可以说是周瑜的一场胜仗。顺便说一句，在荆州投降的蔡瑁、张允等人是曹操水军训练的关键人物，失去他们对曹操来说可是一大损失。

曹操生气不已，接着让蔡瑁的族弟蔡中和蔡和假装投降周瑜，可是又被周瑜识破。周瑜这次又利用这两个人来散布谣言，上演了一场逼真的"苦肉计"。在军事会议上黄盖假装与周瑜不和，出言不逊，惹怒周瑜。周瑜命人将其痛打至卧床不起。周瑜故意让蔡中和蔡和看到这一幕，并通过两人将这一假情报传给了曹操。曹操获得信息后信以为真，以至于曹操看到黄盖给自己的一封言明想要投降的密信时，曹操深信不疑（见《三国演义》第四十六回）。这个计策可谓充分发挥了绝妙的效果，让疑心颇重的曹操也毫不怀疑。就这样，黄盖假降计谋成功，遭遇火攻的曹操大军瞬间被歼灭。这又是一场属于周瑜的胜利。

就这样，周瑜在赤壁之战中，巧妙地利用间谍狠狠地耍弄了曹操，扭转了劣势。另一方面，老奸巨猾的曹操不知何故，在这次谍报战中竟然一直被周瑜耍弄，只能说他是头脑发昏了。不过，在正史《三国志》中只有黄盖假装投降的记载，在《三国演义》中发生的除此之外的其他故事都是虚构的。

除上述周瑜的间谍战外，诸葛亮利用间谍散布虚假信息，扰乱敌人，让司马懿失去权势的事例，也是利用间谍获胜的典型事件。黄初七年（226年），明帝曹睿即位。明帝虽然年幼，而司马懿却善于谋略。诸葛亮深知司马懿才能，他唯恐明帝曹睿在司马懿的辅佐下会成为蜀中大患。于是，诸葛亮让间谍以司马懿的名义贴出布告，布告内容呼吁驱逐明帝，立文帝曹丕的对手曹植为新皇帝。内容虽然荒谬，但明帝却上当受骗，立刻罢免了司马懿，让其回乡（见《三国演义》第九十一回）。不过，这只是暂时之计，不到两年司马懿就重返官场。

主导司马懿退场剧的诸葛亮自己也差点陷入间谍所散布的流言蜚语中。蜀建兴八年（230年），诸葛亮与进攻汉中的魏军对战，尽管战况有利，但突然接到刘禅的命令，被召回成都。因玩忽职守而受到诸葛亮处罚的都尉苟安悄悄地向魏国投降，在司马懿的授命下，向刘禅亲近的宦官们造谣说诸葛亮早晚会篡位。回到成都的诸葛亮拜见刘禅，很快就查明这是毫无根据的谣言，但是原本有利的战局已经失去了先机。先是司马懿，这次是诸葛亮，两者都是利用了对方的间谍，通过情报战让对方受挫，这应该说是冤冤相报吧。不过，这两个例子都是《三国演义》中的虚构故事。

如此看来，在间谍和谍报作战中，赤壁之战中周瑜的表现显然更胜一筹。周瑜的作战计谋没有涉及间谍和谍报相关的惨烈故事，反而具有斗智斗勇的智慧战之趣味。或许是绝处求生，人在用尽智慧的时候，间谍和谍报作战也会突破阴晦暗斗的成分，而带点清爽明快的色彩吧。

36 单打独斗

在三国故事里，让读者感到热血沸腾的应该就是勇士倾尽所有力量进行激战的"一对一"对决场面。

其中，兴平元年（194年），英勇善战的典韦和许褚进行的对决极其激烈。当时典韦是一个刚从士兵提拔上来负责保护曹操安全的贴身护卫。许褚则是一支由一族数百人组成的草莽队伍的头目，他率领着这支队伍进行防卫。偶尔遇到被曹操军追赶得四散逃离的黄巾军残余时，许褚就率领手下突然出现，拦住他们，并把他们全部收编带回自己的营地。本是为了壮大自己的兵力才这么做的，但是有一次，他遇到了追击而来的典韦。典韦要求许褚交出黄巾军余党，两人因此发生口角，最后一言不合两人一对一打斗起来。其间，除人马疲惫稍有歇息外，他们从辰时（上午7—9点）开始，直到傍晚为止，大战了七八个小时仍难分胜负。看到这一幕，曹操对许褚的本领赞叹不已，有了收为己用之心。第二天，他让典韦假装战败逃回营地，然后命令军队撤回五里外，同时让士兵偷偷挖好陷阱。第三天两人继续对战，典韦又假装战败，把追来的许褚引到了陷阱里将其活捉。之后，曹操竭尽全力劝其投降，许褚遂带领数百名手下加入曹操旗下（见《三国演义》第十二回）。三年后的建安二年（197年），典韦在宛城之战中为护卫曹操而壮烈战死，许褚成为曹操的亲卫队队长，开始充分施展其才能。

建安十六年（211年），曹操讨伐反叛的西凉猛将马超，当时马超的抵抗非常激烈，曹操是一直处于被动的一方。这时，许褚和马超展开了激烈的对决。两人对打二百回合以上仍难分胜负。许褚大为恼火，他"卸了盔甲，浑身筋突，赤体提刀，翻身上马"，与马超决战。许褚奋力举刀砍向马超，而马超闪过后又一枪朝许褚心窝刺来。于是，许弃刀将枪挟住，两人在马上夺枪。在争抢中，许褚力大，一声脆响，折断了枪杆。于是，两人"各拿半节在马上乱打"[1]（见《三国演义》第五十九回）。许褚和马超是三国故事里拔尖的猛将，他们拼尽全力进行单打独斗的战况让人觉得酣畅淋漓。顺便一提，通过这次一对一的决战，许褚被众人称为"虎侯"或"虎痴"。

有勇无谋的马超中了曹操的参谋贾诩的离间计，与其盟友韩遂反目成仇，这一举动可谓是他的致命伤，导致他惨败于曹操军，最终逃到汉中，投奔当时掌控汉中的五斗米道的教主张鲁。建安十九年（214年），刘备夺蜀之策进入最后实施阶段的时候，感到威胁的张鲁为了援助蜀国的统治者刘璋，派马超出击。马超向刘备方面的军事据点之一的葭萌关发起猛攻，惊慌不已的刘备和诸葛亮让张飞迎战。张飞大声喊道："认得燕人张翼德么！"马超答道："吾家屡世公侯，岂识村野匹夫！"[2]（见《三国演义》第六十五回）听到此话，张飞大怒，与斗志满满的马超展开了一对一的激战，但二人不管怎么战也无法分出胜负。看到这一幕的刘备，感慨说马超真不愧是"锦马超"。刘备

---

[1] 〔明〕罗贯中.三国演义（下）[M].北京：人民文学出版社，2019：501-502.

[2] 〔明〕罗贯中.三国演义（下）[M].北京：人民文学出版社，2019：558.

敬佩马超的能征善战，凭借诸葛亮的计谋成功将其收入麾下。得到了马超，刘备的气势大增，最终降伏了刘璋，成为蜀国的统治者。

这里列举的典韦和许褚、许褚和马超、马超和张飞的一对一对决，是在各种各样的状况下进行的；但是，单枪匹马战斗的当事者们却心无旁骛，与自己能力匹敌的人激烈地战斗着，越战越勇。他们的身姿象征着三国故事中蕴含着的强大活力（另外，关于孙策和太史慈的著名单打，参考第一章"度量"）。

37 兵器

在三国故事里,猛将们都有着作为其标志的兵器。其中,给人留下深刻印象的是关羽和张飞的兵器。

在黄巾之乱中相遇的刘备、关羽、张飞三人义结金兰,他们聚集乡村勇士,成立了一个几百人的兵团。在缺少兵器马匹之时,恰好两个旅行的商人给他们提供了良马、金银五百两及铸造兵器用的镔铁。于是,他们让能工巧匠冶炼了兵器,刘备的是两把剑,关羽的是重达八十二斤的"青龙偃月刀",张飞的是长一丈八尺的"点钢矛"。青龙偃月刀是长柄大刀,点钢矛是淬火精炼的铁制矛。

初平元年(190年),各诸侯联合军队攻打占据虎牢关的董卓军队,刘备等三人初次凭借这些兵器大显身手。当时,挥舞青龙偃月刀的关羽、舞动点钢矛的张飞、用双剑斩杀敌人的刘备三人围攻董卓的猛将吕布，把他逼入绝境（见《三国演义》第五回）。最后，吕布虽然突破重围得以逃脱，但是刘备、关羽、张飞配合默契的战斗情形给人留下深刻印象。顺便一提，当时吕布的兵器是他喜欢用的方天画戟。

此后，就几乎看不到将领刘备挥动双剑的场面了，但手持青龙偃月刀的关羽、紧握点钢矛的张飞仍经常驰骋在沙场上。例如，建安五年（200年），关羽不得已投降了曹操，但一查明刘备所在，就挥舞着青龙偃月刀，过五关斩六将，突破曹操的重围，跑回刘备身边。十九年后，关羽在荆州受到吴军和魏军双面夹击，他与心爱的兵器一起一直坚持战斗至死。不仅如此，在他死后，他还骑着心爱的赤兔马，提着青龙偃月刀，以亡灵身份现身故事情节。可以说，即使在人们想象中，死去的他都是与青龙偃月刀寸步不离的。

张飞的武器点钢矛发挥了惊人威力是在建安十三年（208年）。当时，曹操大军南下荆州，逃跑的刘备主从在当阳的长坂被曹操军追上。张飞手握点钢矛，独自立马在长坂桥上，大声威吓道："我乃燕人张翼德也！谁敢与我决一死战？"其气势吓得曹军无不浑身发抖。张飞手握点钢矛立于马上的场景，可谓能量全开，极具爆发力。

继关羽、张飞之后，刘备军中猛将赵云的主要兵器是枪。建安二十四年（219年），曹操和刘备的汉中争夺战中，刘备军的老将黄忠被重重包围，赵云持枪闯入包围圈，成功救出了黄忠。《三国演义》第七十一回中如此写到当时赵云的身姿："那枪浑身上下，若舞梨花；遍体纷纷，如飘瑞雪。"[1]这是《三国演义》无数战斗场面中最唯美的一幕。如此看来，关羽的青龙偃月刀、张飞的点钢矛、赵云的枪等极具独特个性的将士们的兵器，可以说是完美地展现了该人物固有的形象特色。

---

[1] 〔明〕罗贯中.三国演义（下）[M].北京：人民文学出版社，2019：615.

第三章 读懂『社会』

38 玉玺

据说作为天子象征的"传国玉玺"是为秦始皇所有的，之后传到了西汉。王莽灭西汉，欲夺取玉玺时，拒绝交付的汉孝元太后将其扔在地上，导致玉玺缺了一角。这个缺角的玉玺在王莽新朝灭亡后，又传到了东汉。在三国故事中，从这件事可以窥探出相当复杂而微妙的动向。

根据《三国志·吴书·孙坚传》裴松之注《吴书》中记载，东汉末，吴国孙策、孙权的父亲孙坚在董卓之乱中得到玉玺。初平二年（191年），董卓在首都洛阳放火，强制皇帝及众大臣迁都长安。紧接着，孙坚无视讨伐董卓的诸侯联军其他成员，最先到达了洛阳。在修复被挖掘的陵墓的过程中，从城南的水井里打捞出一具怀抱传国玉玺的年轻女官的尸体。得到玉玺的孙坚甩开讨伐联军首领袁绍的追赶，立即整装军队撤退。在介绍这一事件的同时，偏爱孙坚的裴松之辩护说，忠烈的孙坚不可能做出隐匿玉玺的卑鄙举动。但是，事件发生后不久，孙坚意外死亡。玉玺似乎被传给了其长子孙策。

孙策暂时寄身于与父亲有着深厚渊源的袁术身边。兴平二年（195年），他借袁术的千余大军，从寿春（袁术的根据地）出兵向江东进军，伺机称霸江东。似乎当时孙策是用父亲遗传的玉玺交换，向袁术借到了军队。得到玉玺的袁术，头脑发昏，擅自称皇帝，极尽愚蠢之能事。最终进退两难之际，以赠与袁绍皇帝称号为条件，前往投奔袁绍长子袁谭，在去往袁谭根据地青州的途中猝死。袁术的这一系列动作，可以说暗示了他拥有天子之证——传国玉玺。

据《三国志·魏书·武帝纪》裴松之注引《献帝起居注》记载，袁术死后，一位叫徐璆的人得到了玉玺，并把它送给东汉朝廷。这意味着玉玺落入东汉朝廷的掌权者曹操手中。顺便说一下，在《三国演义》第二十一回中，夸大了这个故事，说是徐璆把袁术一族全部杀光，把夺取的玉玺献给了曹操。

传到曹操手中的传国玉玺，从曹氏的魏王朝传入司马氏的西晋，西晋灭亡后去向不明。但据说之后东晋的谢尚在与北方异族前秦的战斗中偶然取得（见《晋书·谢尚传》）。于是，玉玺在南朝的汉民族王朝代代相传，之后传到了统一中国的隋朝手中，从隋朝又传到了唐朝。此后，杳无踪影。中国古代反复流传的"传国玉玺传说"，可以说是颇有趣味的。

39 酒

说起三国故事里的酒,首先想到的是曹操的长诗《短歌行》。建安十三年(208年)的赤壁之战中,曹操与周瑜率领的吴军决战前夕,乘船在长江设酒宴,创作了即兴诗《短歌行》,激发了将士们的战斗热情。

由三十二句组成的这首诗的开头几句是:

对酒当歌,人生几何?
譬如朝露,去日苦多。
慨当以慷,忧思难忘。
何以解忧?唯有杜康。

(饮酒时应当歌唱,人生在世,能有多长呢?人生就像早晨的露水一样短暂，逝去的岁月已经太多。人应该轰轰烈烈地过一生，即使这样也无法消除忧愁。怎样解愁呢？只有喝杜康酒。）

当时是如此豪情地觥筹交错，胜券在握，可结果曹操还是以惨败告终。实际上，赤壁之战前后是曹操的一大转折点。从此时起，他失去了豁达。在赤壁之战前夕，他处死了反对江南攻略的孔子二十世的子孙孔融，并以此为开端，开始排除抨击他的文人。顺便说一下，孔融也很喜欢喝酒，他说："家中总是宾客满堂，杯中总是注满美酒，是我的理想。"

在喜欢喝酒这一点上，武将远胜于文人。特别是刘备的义弟张飞，他与饮酒相关的轶事很多。建安元年（196年），刘备和关羽出兵期间，张飞被委任防守根据地徐州城。尽管他发誓戒酒，但无法控制酒瘾，在喝得酩酊大醉的间隙，被吕布攻占了城池。此事看似让他引以为戒，之后也没有因为饮酒而犯大的过错，但最终他还是因饮酒致死。蜀国的章武元年（221年），在为被孙权杀害的关羽进行复仇之战的前夕，张飞饮酒过度，沉睡不醒，怀恨的部下趁机将其暗杀。

张飞终因酒而丧命，似乎有违人的期许。与之相反，关羽与酒相关的轶事却让人觉得其行动干脆利落，英姿勃发。其中，烫热的酒还没变凉，关羽就将董卓的猛将华雄的头给斩下的场面（见《三国演义》第五回），可以说是以酒为素材，将关羽的威武雄姿生动地表现出来了。

除以上例子之外，三国故事中有关酒的话题可以说不胜枚举。那么，当时的酒到底是什么样的呢？一般认为，西汉用一斛米酿三斛酒，因此酒精浓度较低，但东汉以后，用一斛米酿一斛酒，浓度和质量都提高了不少。

原料除了米以外，还使用了甘蔗、甘薯、葡萄等各种各样的东西。但是，虽说质量提高了，和现代的酒相比，味道和浓度仍有天壤之别。要让张飞烂醉如泥，需要一桶以上吧。

40 书信

三国故事里有很多令人印象深刻的有关书信的故事。其中，应首举在官渡之战中获胜的曹操之事例。建安五年（200年），曹操在与袁绍的官渡之战中取得胜利。袁绍撤退后，占领袁绍军营的曹操搜到许多自己根据地许都或者自己军中士兵给袁绍的信。可是，曹操却将搜到的书信全部烧毁，没再追查与袁绍私通之人，他说："当绍之强，孤亦不能自保，况他人乎？"曹操对脚踏两条船、谋求自身安全的人的态度，实在是充满了英雄的自信和度量，豪爽至极。另外，这个故事在《三国志·魏书·武帝纪》以及裴松之注《魏氏春秋》中有记载，在《三国演义》第三十回中也可以看到。

在官渡之战中如此豪爽的曹操，十一年后在与西凉猛将马超的战斗中，也利用书信玩弄阴险计谋。他为了离间马超和韩遂的关系，故意把关键之处涂改掉的信件派人送给韩遂，并设法让马超看到，用以煽动马超对韩遂的怀疑。这个故事在《三国志·魏书·武帝纪》中有记载，在《三国演义》的第五十九回也有记述。不过，在《三国演义》中，想出篡改信件之计的是精明强干的谋士贾诩。不管怎么说，这是以书信为工具扰乱人心、给人印象非常不好的一种做法。

向刘备推荐诸葛亮的徐庶也是被书信阴谋欺骗过的人。聪明有才智的徐庶做刘备的谋士时，曹操为了将他从刘备身边弄走，利用书信设计了他。曹操让参谋程昱给徐庶送去了仿照其母亲笔迹的假信，徐庶对此深信不疑，向刘备告别道："今以老母之故，方寸乱矣，纵使在此，无益于事。"[1]这个故事在《三国志·蜀书·诸葛亮传》中有记载，但伪造书信这一事件是《三国演义》的再创作（见《三国演义》第三十六回）。如此看来，除了官渡之战时的事情外，曹操与书信相关的故事总让人感觉阴谋诡计的气息浓厚。

与此相反，诸葛亮送给关羽的关于马超的信则充满幽默感，非常有趣。马超一入刘备麾下，关羽立刻兴起争强

---

[1] 〔明〕罗贯中.三国演义（上）[M].北京：人民文学出版社，2019：317.

好胜之心。他给诸葛亮写信，询问马超能与谁匹敌。知道关羽好胜的诸葛亮回答说："当与翼德并驱争先，犹未及美髯公之绝伦超群也。"[1]（见《三国演义》第六十五回）关羽看完，很高兴地到处炫耀着自己的信，真是个想法简单的人！

在三国故事中有很多与信件有关的故事，这些信恐怕不是写在纸上的。作为书写材料的纸是东汉时期的蔡伦发明的，但是得以广泛使用则是在之后的年代。从东汉末年到三国时代，信好像还以布或木简为材料。这么一想，此处所举的书信给人的印象也会风格大变吧。

---

[1] 〔明〕罗贯中.三国演义（下）[M].北京：人民文学出版社，2019：565.

41 名医

说到三国时期的名医，应首举华佗。陈寿正史《三国志·魏书·方技传》中记载，华佗，字元化，是活跃在东汉末年的名医。华佗在病人病情恶化、服药或针灸无法救治的时候，积极进行外科手术治疗。让病人喝下被称作"麻沸散"的麻醉药之后，执刀把病人患处割掉、缝合、敷上药膏包扎，数日后疼痛即消，一个月就可以彻底恢复，可以说是"神技"。

可笑的是如此高超的医术却招致了仇恨，落了个平白无故丧命的结局。华佗与三国英雄曹操是同乡（沛国谯县），因医术闻名，遂成为有头疼病的曹操的侍医。可是因不满待遇，擅自回乡，忤逆了曹操而遭杀害。之后，曹操每次头疼发作就后悔不已地说要是华佗在就好了。根据正史记载，华佗确实是曹操的侍医，但除此之外，就他与三国主要人物间的纠葛没有形迹可寻。

《三国演义》中华佗的活动范围却格外广泛。华佗在《三国演义》中初次登场是建安元年（196年），当时孙策正与王朗、严白虎进行激战，以谋江东霸权。激战中，孙策的弟弟孙权的护卫周泰身负十几处刀伤。濒临死亡之际，华佗出场开出药单，喂其吃后，一个月就完全康复（见《三国演义》第十五回）。

令人印象更深刻的是他与关羽的关系。建安二十四年（219年），关羽与曹操的猛将曹仁进行交战时，胳膊肘处中了毒箭，情况极其危险。这时，华佗出现为他做了一个大手术，他切开关羽的胳膊肘，刮掉了附着在骨头上的毒素。关羽忍受剧烈的疼痛而泰然处之，华佗称赞道："君侯真天神也！"[1]（见《三国演义》第七十五回）不久，关羽战死，首级被送到曹操处。曹操看到后，头疼加剧，让华佗来看。华佗说需要切开头颅，摘除病根。曹操疑心较大，认为与关羽关系较好的华佗想要以此为借口来杀死自己。于是，华佗就被曹操关押起来，最后死在狱中。

---

[1]〔明〕罗贯中.三国演义（下）[M].北京：人民文学出版社，2019：642.

由以上事件来看，在把刘备定位于英雄、曹操定位于奸雄的《三国演义》中，为彰显名医华佗的作用，其中穿插了为关羽刮骨疗伤的故事情节，并进行了精心的虚构，巧妙地进行了改编。于是，随着时代的变迁，华佗的名声越来越大，并成为名医的代名词。顺便提一下，即便是从正史的传记来看，华佗擅长外科手术是显而易见的，况且他是距今约两千年前的人。这样的话，说华佗是世界上最早的一批外科医生也不为过。

42 冤魂

《三国演义》中，最具神奇力量，且死后成为冤魂不时现身于人世的是关羽。建安二十四年（219年）冬天，关羽攻打驻军樊城的曹操猛将曹仁，因中了孙权的军师吕蒙的计谋而失败，结果被孙权活捉，大骂孙权"碧眼小儿！紫髯鼠辈"，后被杀害。

传说关羽死后，其灵魂飘飘荡荡，来到荆州玉泉山结草为庵居住的名叫普净的和尚处，边叫喊着"还我头来"边现身于人世。其形象宛如生前，身骑赤兔马，手提青龙刀，养子关平和忠诚的手下周仓随侍两侧，左侧为养子关平，右侧为周仓。此时，关羽的亡灵被普净和尚超度，遂大彻大悟，稽首皈依而去。之后因经常在玉泉山显灵守护当地居民，乡人们为感谢其恩德，就在山顶修建寺庙，一年四季祭奠供奉他。

关羽的灵魂对无辜的居民充满慈悲仁爱之心，但对于敌对的人却一反常态，施展其强大威力，变成可怕的冤魂不停地作祟。他的冤魂首先附上了吕蒙的身体。孙权战胜后，举办了庆功会。为表彰吕蒙的功绩，在孙权亲自为吕蒙斟酒的瞬间，关羽的灵魂附体于吕蒙，厉声大骂孙权"碧眼小儿！紫髯鼠辈"，随后吕蒙七窍流血，气绝身亡。这是多么可怕的怨恨啊！

另外，即便是对于交往较深的曹操，关羽的冤魂也毫不留情地袭击。曹操面对孙权送来的关羽首级时，见关公面如平日，就打招呼说："云长公别来无恙！"[1] 结果话语未落，只见关羽张嘴瞪眼，胡子头发皆倒立而起，曹操被吓得晕倒。之后，曹操到此为止每天晚上都会被关羽的亡灵所困扰，可见关羽威势之大。

以上事例都是关羽死后不久发生的（见《三国演义》第七十七回至第七十八回），之后，在关键时刻他的灵魂也时不时地出现，让对方陷入恐怖的深渊。比如刘备为给关羽报仇而进攻吴国，关羽的二儿子关兴遇到了孙权的部

---

[1] 〔明〕罗贯中.三国演义（下）[M].北京：人民文学出版社，2019：661.

将潘璋，而导致关羽惨败战死的正是潘璋。这时，关羽的冤魂出现挡住了潘璋逃走的去路，在他的帮助下，关兴成功地阻止住了潘璋（见《三国演义》第八十三回）。

灵魂不仅仅是作祟，关羽的亡灵也曾独自（见《三国演义》第七十七回）或者和死于非命的义弟张飞一起（见《三国演义》第八十五回）出现在刘备身边，恳切地诉说着衷肠。无论是好是坏，在《三国演义》故事里散发着强烈灵性且神秘的关羽形象，长久地存在于民间传说中。从历史上来说，南宋以后，关羽的神化不断升级，直至作为军神而受到国家祭奠。

43 遗言

三国故事的英雄中有很多人临终之际留下了令人印象深刻的遗言,其中排在首位的当属刘备。蜀国章武二年(222年),刘备为了给义弟关羽复仇,率兵进攻吴国,却惨遭失败,逃入白帝城。受到重创的刘备染病后卧床不起,身体日益衰弱,第二年死去。刘备临死时对诸葛亮说:"君才十倍曹丕,必能安邦定国,终定大事。若嗣子可辅则辅之,如其不才,君可自为成都之主。"[1](见《三国演义》第八十五回)

刘备始终给人一种优柔寡断的印象,但他的遗言却流露出一种心胸豁达的感觉,让人觉得其不愧是乱世英雄。

---

[1] 〔明〕罗贯中.三国演义(下)[M].北京:人民文学出版社,2019:724.

对于平庸的人来说，无论对方是多么令人信赖的人，在临终之际，都无法对其说出"如果我的继承人没有才能的话，你来掌管这个国家就好了"这样大度的言辞。

被刘备委以重托的诸葛亮，一方面呕心沥血、真心实意地辅佐不靠谱的继承人刘禅，另一方面继续顽强北伐，向魏国发起挑战。蜀国建兴十二年（234年），再次出击的诸葛亮，在与司马懿率领的魏军对峙中，病逝在五丈原。

临终之际，前来探望他的刘禅的使者李福，问诸葛亮应该让谁接任。诸葛亮首先提出蒋琬的名字，再被追问，就又提到让费祎作为蒋琬的继任。当李福想再次询问谁可以做费祎的接班人时，诸葛亮已经断气了（见《三国演义》第一百四回）。不知道应该说是沉默的遗言，还是不用赘言也不知道接下来会发生什么的隐含表达。真是一个令人充满想象的临终场面。

另一方面，建安五年（200年），英年早逝的吴国孙策的遗言提到了自己与弟弟的区别，充满了犀利感。临死之际，他对弟弟孙权说："若举江东之众，决机于两阵之间，与天下争衡，卿不如我；举贤任能，使各尽力以保江东，我不如卿。"[1]（见《三国演义》第二十九回）该遗言肯定

---

[1] 〔明〕罗贯中.三国演义（上）[M].北京：人民文学出版社，2019：257.

了弟弟的个人独特能力，给予弟弟激励，后事托付后孙策即闭目逝去，可以说是干脆利落的临别遗言。

那么，刘备和孙策果敢决绝的遗言发挥了真正价值，曹操的情况又如何呢？曹操留下的遗言可谓是面面俱到。建安二十五年（220年），曹操临终之际留下的遗言里，从夫人们的前途到自己的坟墓的建造等各方面都有涉及。事实上，这个遗言和英雄并不相称，充满了对现世的留恋，所以一直以来的评价都很差。但是，在这个对自己死后事宜详细指示的遗言中，现实主义者曹操的面目跃然而出，又有着独特的味道。

"鸟之将死其鸣也哀，人之将死其言也善"（见《论语·泰伯篇》），三国故事里的英雄留下的遗言中，也如实地表现了他们各自固有的心志，实在是各具特色。

44 天文观察

《三国演义》里的诸葛亮是一位忠诚无比的大军师，同时也是一位无所不能的"大法师"，他善于观察天象并能预测未来。在《三国演义》第一百三回中，有一个场景，他通过天文观察，预感到自己的死期。蜀国建兴十二年（234年），第五次（也有说法是第六次）北伐之际，诸葛亮在五丈原与魏国司马懿的对战持续了很长时间，以至于他疲惫不堪，身体渐渐地支撑不住。有一天晚上，他观测天象时，十分惊慌，对部将姜维说道："吾见三台星中，客星倍明，主星幽隐，相辅列曜，其光昏暗。天象如此，吾命可知！"[1] 于是，诸葛亮摆好阵法，打算连续七夜举行向北

---

[1] 〔明〕罗贯中.三国演义（下）[M].北京：人民文学出版社，2019：896.

斗星祈求延长寿命的仪式。但是到了第六夜，对诸葛亮心怀不满的魏延却缺根筋儿地闯入了幕中，一股风吹灭了祈祷延命用的"主灯"，如此一来，万事皆休。断绝了延命希望的诸葛亮安排好后事后，于五十四岁时离开了人世。

诸葛亮的对手司马懿，在《三国演义》中，也是一位精通天文观测的奇人。诸葛亮在五丈原去世时，司马懿也时不时地在晚上观测天文。这时，出现了一颗大红星，落在蜀国阵营后，又蹦了几次，发出了微弱的声音。司马懿看到这一幕后，预料到诸葛亮将死，打算出动大军，但却又有所顾虑，认为诸葛亮"以此术诈死，诱我出耳"[1]（见《三国演义》第一百四回）。于是就推迟了出兵。在蜀军大撤退后，闻讯的司马懿这才派军，急急忙忙地赶了上去，结果看到诸葛亮的木像，又以为他还活着，就仓皇而逃，落了个被嘲讽为"死诸葛吓走生仲达"的下场。司马懿的异能果然不及诸葛亮。

根据史实，包括观天象在内的神秘预言学在三国中蜀国是最盛行的。《三国志·蜀书》第十二卷，收录了蜀国学者们的传记，明确记述了其中大部分人在研究经书等正统学问的同时，也通晓预言学。这卷里也收录了谯周的传记，

---

[1] 〔明〕罗贯中.三国演义（下）[M].北京：人民文学出版社，2019：901.

谯周劝蜀国后主刘禅投降魏国，后世对他的评价很差。他在细致研究正统学问的同时，对天文现象的解释也很出色。《三国演义》强调了谯周神秘学者的一面，在诸葛亮第一次出发北伐前夕，谯周有点不懂分寸地站出来，提出反对意见说"臣夜观天象，北方旺气正盛，星曜倍明，未可图也"[1]（见《三国演义》第九十一回），对他拖诸葛亮后腿的行为举止进行了有趣的描写。

顺便说一句，正史《三国志》的作者陈寿是谯周的弟子，因此《蜀书》的《谯周传》篇幅也格外长，记述得也非常详尽。在看不到明天的乱世中，观察天文、想方设法读取预兆的神秘学也变得盛行起来。在《三国演义》的故事里，天文观察名人诸葛亮的人物形象也强烈地反映了对乱世的哀怨之情。

---

[1] 〔明〕罗贯中.三国演义（下）[M].北京：人民文学出版社，2019：783-784.

45 怪异现象

《三国演义》中描写了各种各样的怪异现象,特别是魏、蜀、吴三国的领导人去世的时候,作为临死征兆,发生过一些怪异现象,而将这些超自然的征兆细致地描写出来是常有的事。

最早退出三国故事舞台的是吴国孙策。建安五年(200年),孙策被刺客袭击,身负重伤,但是在疗养中,因忌惮人气很高的道士于吉的存在,而将其处以火刑。自那以后,他身体日渐衰弱,把后事托付给弟弟孙权后,撒手人寰。在《三国演义》第二十九回中,详细地描写了孙策死前发生的怪异现象。正史《三国志·孙策传》裴松之注引的《江表传》和《搜神记》中也记载了孙策与道士的关系，可以看出早就有孙策之死与道士有关的传说。顺便一提，《三国演义》（见第一百八回）中也简单地记述了孙权去世前的异样天象。孙权比孙策晚五十二年即魏国嘉平四年（252年）去世，其死前狂风大作，大雨倾盆，江海波涛汹涌，平地就有八尺之深的水，其父亲孙坚墓地种植的松柏树都被吹得连根拔起。

在《三国演义》中饰演敌人角色的曹操死前征兆则是以更多笔墨加以描述，呈现出令人惊恐不已的异象。首先，当他见到孙权派人送来的关羽首级时，关羽首级的嘴和眼睛都动了，头发和胡子也都倒立起来。曹操见此情景，惊恐万分，吓得晕了过去。自此以后，曹操日夜饱受骚扰。以此为始，曹操多次梦见神人、死去的对手等，日夜陷入恐怖的深渊。先是为了建造新宫殿而砍倒的神木作祟，树木的主人出现在梦里，随即他就被难以忍受的头痛所困扰。之后又以献帝的皇后伏皇后为代表的过去残杀的人陆续出现在梦中，使他日夜陷入恐怖之中，整日痛苦不堪（见《三国演义》第七十八回）。最后，曹操终于感受到自己的死期，交代完自己的后事之后，于建安二十五年（220年）正月死去。在正史《三国志·魏书·武帝纪》中，没有关于这种怪异现象的记载，只有在裴松之注引的《世语》中简单记载了神木作祟的事情。

另一方面，关于曹操的继承人曹丕（魏文帝），正史《三国志·魏书·文帝纪》正文中记载了许昌城南门无端倒塌后，文帝去世。《三国演义》也沿袭了这一记载。与《三国演义》所描绘的纠缠曹操的光怪陆离现象相比，对与曹丕相关的怪异现象的描述则显得简单、逊色多了。

关于《三国演义》中的中心人物刘备死亡的怪异现象，《正史》的本传和裴注《三国志》中完全没有记载，只有在《三国演义》中有相关描述。蜀章武三年（223年），进攻吴国惨败逃到白帝城的刘备逐渐病入膏肓，无法东山再起的时候，死去的义弟关羽和张飞出现在梦中。关羽告诉他说："哥哥与兄弟聚会不远矣。"[1]（见《三国演义》第八十五回）就这样，刘备安排好一切后事后，坚守着"桃园之义"，与前来迎接他的关羽和张飞一起，静静地踏上了前往另一个世界的旅途。与刘备相关的怪异现象丝毫没有恐怖感，这一点与孙策和曹操的情况有所不同。

在《三国演义》的故事中，主要人物离开人世的时候，

---

[1] 〔明〕罗贯中.三国演义（下）[M].北京：人民文学出版社，2019：723.

会以各种各样的形式将超现实的怪异现象联系在一起，以此突出该人物的退场。这样看来，关于死亡的怪异现象的描写越是细致，就说明作者越重视该人物，真的很有意思。

46 婚姻

社会安定时期重视门第和裙带,但在乱世中血统不是问题,重要的是实力和能力。东汉末年到三国时代的乱世自不必说,婚姻也往往是看对方的实力或能力而不是门第。比如说,曹操的妻子卞夫人是个精明能干的歌伎,光和二年(179年),被曹操看中成为侧室。近二十年后的建安二年(197年)左右,曹操和正妻丁夫人失和,之后,卞夫人成了正夫人。这时,她的儿子曹丕和曹植早就出生了。卞夫人是一位极聪明的女性,曹操和儿子们对她也敬重有加。

曹操的继承人曹丕的婚姻也如大家所知道的那样充满

故事性。建安九年（204年），曹操攻打袁绍一族的根据地邺城，打头阵的曹丕被袁绍的二儿子袁熙之妻甄夫人的美貌所迷倒，就娶其为妻（见《三国演义》第三十三回）。甄夫人在曹丕即位后，成为了皇后，但后来遭郭贵妃陷害，被曹丕日渐冷落，最后被赐死。

甄夫人的结局是不幸的，但曹操和曹丕二人都不管对方的个人经历和家世，把自己心仪的女性作为结婚对象。可以说，他们也是歌咏乱世情感的诗人，拥有随性而为的诗人灵魂。

说起三国故事里的美女，可以和甄夫人并提而论的是吴国二乔。二乔是吴国乔国公（正史《三国志·吴书·周瑜传》中的"桥公"）的两个女儿，姐姐叫大乔，妹妹叫小乔，都是绝世美女。建安二年（197年）左右，在称霸江东的当口，年轻的孙策与姐姐大乔结婚，而周瑜与妹妹小乔结婚，恐怕他们是受姐妹二人的美貌所吸引吧。《三国演义》（见第四十四回）中有一个著名的场面，诸葛亮说曹操攻打江南的意图在于二乔，巧妙地煽动周瑜，让他最终下定决心与曹操决战。不过，二乔和甄夫人不同，无论是在正史还是《三国演义》中完全没有正式登场，可以说是"梦幻中的美女"。

与无法抓住真实形象的二乔相反，孙策和孙权的异母妹妹（孙策等的姨母吴国太的女儿）孙夫人是一位既好胜又勇猛，在《三国演义》里大放异彩的活泼女性。建安十四年（209年）左右，她与刘备虽然因政治而成婚，但与刘备相依为命，夫妻关系并不坏（见《三国演义》第五十四回至第五十五回）。可是，刘备攻打蜀国后，她又被召回吴国，最终和刘备陷入无法相见的境地。这种活泼的孙夫人形象在后世民间传说、元曲（元代的戏剧）中受到热烈追捧，人气很高。

顺带一提，刘备的著名军师诸葛亮也在隐居中与荆州豪族黄承彦的女儿因政治策略结婚。她虽然外貌不敢恭维，但头脑清晰，是诸葛亮唯一的妻子。这样看来，刘备和诸葛亮都有通过政策婚姻获得绝好配偶的运气，只不过刘备没有守住这份幸运而已。

最后，举一个因奇缘结婚的例子吧。虽然在《三国演义》中看不到，但《三国志·魏书·夏侯渊传》裴注引《魏略》中有这样的记载。建安五年（200年），夏侯渊的侄女（投降蜀的夏侯渊的次子夏侯霸的表妹）在山中砍柴的时候，被张飞带走，不久成为了他的妻子。据说她生的女儿成了刘备的儿子刘禅的皇后。虽然真假还不清楚，但这的确是一个不折不扣的张飞式的传奇故事。

看起来虽然是男人们在战斗的三国故事，其实，也包含着这种以"婚姻"为核心的多种多样的男女关系，实在是趣味无穷。

47 歌谣

在三国世界中，童谣和民间歌谣有时象征着主要人物的命运或性格。

比如董卓。连皇帝的废立都我行我素、威猛无比的董卓，初平元年（190年），在首都洛阳放火，强行迁都长安，把大批财宝和粮食运到长安郊外筑起的坞寨中，以备将来之用。然而，两年后的初平三年（192年），东汉王朝的重臣王允和董卓的保镖兼猛将吕布等人合谋，从坞堡中诱出董卓并将其杀害，结束了"董卓之乱"。据说，在董卓命数将尽之前，就有童谣"千里草，何青青！十日上，不得生"[1]（见《三国演义》第九回）被唱了出来。在草字头下

---

[1] 〔明〕罗贯中.三国演义（上）[M].北京：人民文学出版社，2019：76.

面写千里就是"董"字,"十日上"(也有"十日卜"之说)从下往上写就是"卓"字。总之,这首童谣是分解汉字构成要素的语言游戏的一种,巧妙地使用了"析字法",并预言"董卓活不过十日"。

以上是根据正史《三国志·魏书·董卓传》裴松之注的《英雄记》,这首童谣在《三国演义》第九回中也基本上以相同的形式被描述出来。被引诱到长安的董卓在去世的前夜,听到了很多孩子在唱这首童谣,更加渲染了其效果。顺便说一下,童谣预言不吉利的未来这种想法在古代中国很早就有了。

除此之外,在《三国演义》第三十五回中也穿插了具有预言性的童谣,取得了很好的烘托效果。这在正史中没有记载,是《三国演义》的虚构内容。在该章回中有这样一幕,差点被刘表手下杀掉的刘备,多亏爱马的卢,驮着他跳越檀溪,脱离危机,在隐者水镜先生(司马徽)的宅邸借宿了一晚。这时,水镜先生告诉了刘备荆州一带传唱的童谣。童谣内容为:"八九年间始欲衰,至十三年无孑遗。到头天命有所归,泥中蟠龙向天飞。"[1]并告诉刘备,上半句暗示"刘表即将离世,属下即将离散",下半句则暗示

---

[1] 〔明〕罗贯中.三国演义(上)[M].北京:人民文学出版社,2019:307.

"刘备承天命，得时高飞"，这是水镜先生鼓励失意的刘备，想让他振作精神。

像这样，在三国世界中，既有可以被称为咒文或占卜的预言性童谣，又有可以突出登场人物特性的童谣。

例如，据说隐居时期的诸葛亮喜欢唱民间歌谣《梁父吟》。这件事在正史和《三国演义》（见第三十六回）中都有记载，但都没有歌词被记载下来。"步出齐城门，遥望荡阴里。里中有三墓，累累正相似。"这首歌原本是以"二桃杀三士"的故事为基础创作的挽歌，似乎在民间广泛传唱。虽然有强化诸葛亮神秘形象的效果，但这绝不是一首吉祥的歌。

总的来说，三国世界流传的童谣和民间歌谣中，蕴含着民众凝聚而成的积怨及想一气将其消除并使之得以释放的祈愿。

48 文字游戏

在"歌谣"一节中,我们举出了使用"语言游戏"的童谣,而在《三国演义》中作为语言游戏的高手而为人熟知的是曹操和其手下杨修。他们很早就进行过语言才能游戏的争斗战。在曹操和刘备展开的汉中争夺战时,双方的智力战达到了高潮。建安二十四年(219年),看到战况不利的曹操认为放弃汉中撤退是上策,但很难做出决断。这时,厨师端来了一碗鸡汤。曹操看到碗中有鸡肋,似有感触。正沉吟间,恰逢夏侯惇来问夜间口号,他就随口说了一句:"鸡肋!鸡肋!"夏侯惇在意义不明的情况下将其传达给了官员们,大家都不知道它的意思。只有杨修很快收拾好了行李,夏侯惇问其原因,杨修回答道:"鸡肋者,食之无肉,弃之有味。"[1]（见《三国演义》第七十二回）并解释说，从把汉中比喻成鸡肋这点来看，魏王（曹操）明天必定会班师回朝，所以我就早做准备了。于是，曹军的部将们开始做回去的准备。

《三国演义》第七十二回写道，得知此事的曹操对看穿了自己的本意而擅自行动的杨修感到很生气，以扰乱军心为由斩杀了他。曹操对出身名门（杨修之父是东汉太尉杨彪）、才华出众的杨修深感讨厌是事实，但在真实的历史中，杨修被处死是由于政治原因。他是曹植的得力谋士，主导了曹植与曹丕之间有关曹操后继之位的骨肉之争。曹植争位失败后，他被视为危险人物而遭杀害。

此事暂且不提，《三国演义》第七十二回中，还大篇幅地描写了杨修不断解开曹操设下的语言游戏难题的轶事。比如说，来参观刚刚完工的花园大门的曹操什么也没说，只是在门上写了"活"字就走了。谁也不知道其意思。但杨修说"门"中加上"活"字，就成了"阔"字，这暗示丞相不喜欢门开得太大了，于是他就让人马上改建。这是在语言游戏中，将汉字的构成要素合成、创造出新字的方案。而接下来举出的则是"析字"即拆分汉字的构成要素，使其

---

[1]〔明〕罗贯中.三国演义（下）[M].北京：人民文学出版社，2019：622.

具有新意的例子。北方送来一盒酥（酸奶），曹操在盒子上写上"一合酥"，放在案桌上。杨修进去看到后，当即解读为"一个人吃一口酥"的意思，并和部下一起分吃了。把"合"字拆开就是"人""一""口"。如果将此与前面的"一"和后面的"酥"相结合的话，就是"一人一口酥"了。

关于曹操和杨修间语言智慧比拼的这一系列故事，在正史中没有记载，但在魏晋名士的笔记小说《世说新语·捷悟篇》中可以看到。《三国演义》将这些轶事巧妙地融入了三国故事的世界，使曹操觉得对聪明能干的杨修不能小觑，厌恶之情油然而生，最终将其杀害的虚构情节具有了说服力。曹操原本就有讨厌和自己相似才气的知识分子的倾向。擅长读取其心理的《三国演义》中第一才子杨修，也应该说终究因恃才傲物，遭受曹操的处罚，无意中引火烧身了吧。

49 音乐

说到在三国世界里与音乐渊源很深的人物，首先是周瑜和诸葛亮。《三国演义》中的周瑜，虽然被安排为衬托诸葛亮的配角，但实际上是一位仪容秀丽、头脑清晰、音乐品味超群的英豪人物。

《三国志·吴书·周瑜传》中也提及，"瑜少精意于音乐，虽三爵之后，其有阙误，瑜必知之，知之必顾，故时人谣曰：'曲有误，周郎顾。'"[1]。周瑜超凡的音感在当时就非常有名。顺便一提，对周瑜着墨不多的《三国

---

[1] 〔晋〕陈寿撰；〔南朝宋〕裴松之注.三国志[M].北京：中华书局，2011：1056.

演义》也在后人哀悼他之死的五言律诗中，称赞其"弦歌知雅意，杯酒谢良朋"[1]（见《三国演义》第五十七回），其中的"弦歌"即是称赞其音乐方面的才能。不过，虽说他音乐品味出众，但在正史和《三国演义》都没有提及周瑜是否弹奏过乐器。与此相反，虽然是《三国演义》的虚构，却有诸葛亮抚琴弹奏的记述。那是"空城计"的场景（见《三国演义》第九十五回）。蜀建兴六年（228年），原本有利于蜀军的第一次北伐，由于马谡的作战失误，战局很快出现了由胜转败的大逆转。诸葛亮迅速发出全军撤退的指令，自己也退到西城，但此时他手里只剩下两千五百名军士。偏逢此时，魏国司马懿率领十五万大军怒涛般进攻过来。

在这千钧一发的危急时刻，诸葛亮使出了出人意料的一招。他让人大开四面城门，让士兵们扮作百姓，如往常般打扫街道。自己身穿鹤服（用鹤羽做的衣服），头戴纶巾（隐者的帽子），一身隐士装扮，让两个小童携带一张琴随他登上望楼，焚上香，坐那儿悠闲地弹着琴。司马懿

---

[1] 〔明〕罗贯中.三国演义（下）[M].北京：人民文学出版社，2019：484.

看到这一幕，以为有伏兵，连忙退却。诸葛亮不费一兵一卒，打了一场漂亮的胜仗。

据说诸葛亮在出山之前，曾爱弹隐士之曲《梁父吟》，原本对隐士和文人来说，歌曲和音乐就是附带物。诸葛亮的前辈，应该也称为隐士的司马徽（水镜先生）在刘备第一次拜访他家时，也曾弹奏过琴（见《三国演义》第三十五回）。诸葛亮和司马徽抚琴演奏是《三国演义》的虚构部分，但在比他们生活的时代稍晚的魏末，暂时离开俗世、过着隐遁生活的"竹林七贤"与音乐有着深厚的渊源。其中的嵇康是琴道高手，阮籍是琵琶名手。在后世特别是宋代以后的文人所必备的高雅爱好是"琴棋书画（音乐、围棋、书法、绘画）"。在元末明初完成的《三国演义》中，以隐士装扮抚琴的诸葛亮的形象，或许也映射出宋代以后形成的超凡脱俗的文人形象。

周瑜和诸葛亮的音乐志向总的来说都有着优雅的氛围，但三国故事中也有将音乐作为激烈挑衅工具的人物。那就是反抗曹操的文人祢衡。为了愚弄初次见面的曹操，被当做身份低微的鼓手的祢衡，在宴席上展露了"渔阳三挝"的激烈打法，震惊全席（见《三国演义》第二十三回）。

三国故事看起来连年战乱不断，争战不休，却也存在以各种各样的形式与音乐密切相关的人。由此可见，三国故事真可谓是深奥无比啊。

50 狩猎

"天子狩猎"原本就不是单纯的娱乐,而是用来彰显天子权势、威严的活动。但是,在三国故事中,却屡屡被用作显示天子威严丧失的一个事件。

建安三年(198年)十二月,因灭掉吕布而意气风发的曹操,邀请献帝到郊外去狩猎。献帝意兴阑珊地骑着马,带着天子的宝雕弓(刻有花纹的弓)、金鈚箭(镶金的箭),乘着銮驾和官员、将领一起出城前往猎场许田。刚一到就有一头大鹿跳出,献帝连射三箭都未能射中,于是就对曹操说:"卿射之。"[1]曹操就讨来献帝的宝雕弓、金鈚箭,扣满一射,正中鹿背,鹿一下子就倒在草丛中。看到射中

---
[1] 〔明〕罗贯中.三国演义(上)[M].北京:人民文学出版社,2019:179.

鹿的金箭，将领们都以为是献帝射中的，纷纷高呼"万岁"。曹操立刻纵马出来挡在献帝面前，仿佛自己就是天子一般接受大家的庆贺（见《三国演义》第二十回）。

当时投靠曹操的刘备及部下也一同前往狩猎。看到曹操不逊的态度，愤怒的关羽手提青龙刀，欲飞马前去斩杀曹操，被刘备制止。回到许城后，关羽问他为什么阻止，刘备回答说："'投鼠忌器'。操与帝相离只一马头，其心腹之人，周回拥侍。吾弟若逞一时之怒，轻有举动，倘事不成，有伤天子，罪反坐我等矣。"[1]（见《三国演义》第二十回）尽管如此，关羽仍旧无法理解。但最终还是以此事为诱因，董承等人的政变计划开始实施，不久刘备也离开了许城，与曹操分道扬镳。

因许田狩猎之事，虽然献帝自己也觉得自尊心受到了伤害，但是最终也未能成大事。而正始十年（249年），在与曹爽的权力斗争中败北，长期隐忍自重的司马懿，趁曹爽一派跟随皇帝（后来的齐王曹芳）在首都洛阳郊外狩猎的间隙，一下子发动政变，掌握了实权（见《三国演义》第

---

[1] 〔明〕罗贯中.三国演义（上）[M].北京：人民文学出版社，2019：180.

一百七回）。以此为契机，曹魏王朝走向没落。历经三代四人，司马氏的篡权计划才得以开展，可以说这次狩猎带来的结果及其影响实在是深远的。

以上列举的与狩猎有关的两个事件，可以说给人的印象都不太好，但也不是没有好的例子。魏国第二代皇帝明帝（曹睿）是三国故事里第一美女甄夫人（后来的甄皇后）的儿子，后来甄夫人遭郭贵妃的陷害而被文帝（曹丕）赐死，所以曹睿一直都没被指定为文帝的继承人。

恰逢黄初七年（226年）二月，文帝带着曹睿外出狩猎，行到山间时，有母子两头鹿被赶出，文帝立刻射杀了母鹿，又叫曹睿射杀小鹿。曹睿流着泪说道："陛下已杀其母，臣安忍复杀其子也。"当然，这是基于其母亲甄夫人悲剧性之死有感而发。而听到此话的文帝内心一紧，称赞道："吾儿真仁德之主也！"[1]（见《三国演义》第九十一回）于是就有了立曹睿为太子之意。三个月后文帝去世，曹睿继位。可以说在最后关头，狩猎给曹睿的人生带来了转折。顺便说一下，这个狩猎的故事，在正史《三国志·魏书·明帝纪》裴注引《魏末传》中有记载。

---

[1] 〔明〕罗贯中.三国演义（下）[M].北京：人民文学出版社，2019：779.

狩猎可以让身体尽情运动,挥洒汗水,原本给人一种健身活动的印象,但三国故事里所描述的多是与阴谋、策略等政治意图相关的场面。可见,生活在三国故事的人,很多时候,遇事使用普通、常规的手段是行不通的。

51 吊唁

即便是现代，如果某个国家的重要人物去世，其他各国会派有影响力的人前去吊唁，并以此为契机开展各种外交谈判的场面也很常见。这就是所谓的吊唁外交。在三国故事中，这种吊唁外交就已经频频开展。

建安十三年（208年）冬，驻扎在柴桑的吴国孙权获悉，率领大军南下的曹操已经称霸荆州，在长坂坡之战中也击破了刘备，就召集参谋商量防御对策。此时，鲁肃提出，荆州的统治者刘表刚刚去世，希望让他去江夏驻扎的刘表长子刘琦那里吊唁。据说鲁肃说服了败给曹操、投靠江夏的刘备，共同对付曹操。以吊唁为名的鲁肃外交谈判成功了。

对于被曹操追赶得四散奔逃的刘备主从来说，最好的举措就是和孙权结为同盟。军师诸葛亮马上和鲁肃一起前往柴桑孙权的本营。诸葛亮的大哥诸葛瑾是孙权的参谋，他也促使鲁肃和诸葛亮的合作迅速紧密起来。就这样，到达孙权军营的诸葛亮如大家所知，首先凭"三寸不烂之舌"驳倒了主张向曹操投降的张昭等吴国的文官。

以上是《三国演义》第四十二回，在正史《三国志·吴书·鲁肃传》中，鲁肃在曹操军到达荆州之前，以吊唁刘表为名前去荆州侦察，迫于急转直下的局势转而到本阳。在那里遇到了长坂坡之战中惨败的刘备主从，一起去了江夏。之后的发展无论是正史还是演义，主要情节基本没有改变。

不管怎么说，鲁肃吊唁只不过是名义，并没有对吊唁场面的描写。与此相反，建安十五年（210年）冬，赤壁之战后，孙权和刘备围绕荆州的支配权展开了激战。孙权政权的大都督周瑜去世后，对手诸葛亮前去吊唁，展示了令全场赞叹不已的演技。

其实，周瑜在攻打蜀国的途中，来到了巴丘，身患急病时，仰天长叹道："既生瑜，何生亮！"[1]（见《三国演义》第五十七回）连喊几声后死去，时年三十六岁。

---

[1] 〔明〕罗贯中.三国演义（下）[M].北京：人民文学出版社，2019：483.

把周瑜耍弄得团团转的诸葛亮，一知道周瑜的死，就马上追着从巴丘移送的灵柩来到柴桑，不仅在周瑜灵前读了长篇祭文（悼念死者的文），还伏在地上痛哭流涕，泪流满面地悲叹不已。看到这一幕的孙吴诸将说："人尽道公瑾与孔明不睦，今观其祭奠之情，人皆虚言也。"[1]（见《三国演义》第五十七回）从而改变了众人对诸葛亮的认识，由此可以看出，诸葛亮的吊唁是多么逼真。不过这是《三国演义》的虚构故事，在正史中没有记载。《三国演义》世界中，诸葛亮的出色演技奏效，且根据周瑜的遗言，幸得使孙权让对刘备、诸葛亮有好感的鲁肃成为了后任的军事负责人（这是史实），使刘备主从打着借用之名，实际上掌管了荆州南部，并为下一步攻打蜀国调整了部署。

　　在悼念死者的葬礼和吊唁的场合，平时疏远的人也会见面，在那里会产生意想不到的交流和联系。更何况，死者如果是国家重要人物的话，政治或外交方面的活动交织其中也是理所当然的。这样将吊唁作为故事世界的转折点来巧妙运用的《三国演义》作者，可以说是一位拥有非同寻常的政治品味的人。

---

[1]〔明〕罗贯中.三国演义（下）[M].北京：人民文学出版社，2019：485.

后 记

本书标题是《50个关键词读懂三国》[1]，正如标题所示，是一本以50个关键词来反映三国故事的书。本书将50个关键词分为3章，分别是：第一章"读懂'人'"、第二章"读懂'战'"、第三章"读懂'社会'"。

第一章中，以宦官、名门、胡须、美女、烈女、异貌、老将、年轻武士、奇人异士、猛将、使者、大吼、名将、叛徒、度量、后裔、兄弟、诗人、高手、眼泪、敬意等三国故事中众多的登场人物的特征进行区分，列出了21个关键词。希望能通过这些与"人"相关的关键词，读懂既有老将又

---

[1] 本书2011年初版为50个关键词，2019年文库本再版增加为51个。

有年轻武士，既有名将又有背叛者的三国故事中出现的丰富多彩的人物形象。

第二章中列举了军粮、檄文、名马、桥、生擒、火攻、水攻、军师、谋士、军纪、地图、政变、奇策妙计、间谍·谍报、单打独斗、兵器等与三国故事中的战役相关的 16 个关键词。通过这些与"战"相关的关键词，从远征军的粮食问题到激烈的单打独斗，希望大家能具有身临其境的感觉，来解读三国故事频繁出现的战斗详情。

在第三章中，列出了玉玺、酒、书信、名医、冤魂、遗言、天文观察、怪异现象、婚姻、歌谣、文字游戏、音乐、狩猎、吊唁等与当时社会相关的 14 个关键词。通过这些与社会相关的关键词，从冤魂出没的怪异现象到歌谣及文字游戏，希望大家能读懂三国故事所处的时代氛围。

各个关键词都主要以长篇章回体历史演义小说《三国演义》为中心，但同时也摘取了正史《三国志》的相关内容，对比着写了下来。这样从 50 个关键词、50 个角度来观三国故事的话，也有很多意外的发现，对我来说也是很新鲜的体验。如果能让本书的读者也能发现别有风味的三国故事的话，我感到很高兴。另外，本书的卷末附有粗略的《主要人物表》和《三国年表》。蒙参考为幸。

本书是由原在珍藏版的横山光辉《三国志》（全三十卷，2007年3月—2009年8月，潮出版社）的卷末连载了三十次的《三国讲座》以及在潮出版社的网络杂志上连载了七个月二十一次的《三国讲座》（2009年11月—2010年5月）合在一起组成的。这次在汇总成一本书之际，除了订正了明显的错字之外，几乎未做更改。

在长期连载中，从关键词的选定到本书结构完善都受到潮出版社漫画编辑部的冈谷信明先生、山科妙子女士的关照。另外，在本书出版之际，出版部的北川达也先生给予了细致的关照。我想向冈谷先生、山科女士、北川先生表示衷心的感谢。

2011年1月
井波律子

文库本后记

本书《51个关键词读懂三国》的原著于2011年2月由潮出版社出版。正如原书《后记》中所记载的那样，收录在这里的50篇文章，原本是在珍藏版的横山光辉《三国志》（全三十卷，2007年3月—2009年8月，潮出版社）卷末连载了三十次的《三国讲座》和潮出版社网络杂志上连载了七个月二十一次的《三国讲座》（2009年11月—2010年5月）一起组成的。从最初连载开始到现在已经过了十二年多，原书出版后也已经过了八年多，现在能这样收进"潮文库"，我真的感到非常高兴。另外，在这次文库版出版之际，在第二章"读懂'战'"中，又加上了一篇"兵器"。

至于本书的构成，正如原书《后记》中所写的那样，在此我想稍微记录一下正史《三国志》以及长篇章回体历史演义小说《三国演义》与我之间漫长的渊源。

三国和我的关系始于半个多世纪以前。1968年，我写了以曹植的诗为主题的硕士论文。四年后，又写了一篇以三国故事的巨星——曹植之父曹操为题材的《曹操论》。就这样，以写曹操父子为契机，分担了正史《三国志》的全译本，负责了其中的《蜀书》，花了几年时间的努力，总算翻译完了（正史《三国志》的《蜀书》实际出版发行是在1982年，筑摩书房刊）。之后，以正史《三国志》为中心写与三国相关的书和文章的机会就增加了。

就这样，以正史《三国志》为基础写这写那期间，就萌发了要不要试着写一本以三国为主题的新书的想法。以正史为中心，将视野扩展到《三国演义》，反复思考、调查，终于写完并出版发行了《三国演义》（岩波新书，1994年8月刊）。

以这本新书出版为契机，这次又接了一个《三国演义》个人全译的工作，花了相当长的时间，总算是完成了，并于2002年到2003年发行（《三国演义》全七册，筑摩文库。现在是收录在讲谈社学术文库，共四册）。

本书《51个关键词读懂三国》，如上所述，从正史到《三国演义》，正是源于三国和我之间的长期关系才写成的。因此，正如原书《后记》中所写的那样，各项都以《三国演义》为中心，同时也着眼于正史，一边进行比较一边进行写作。这对我来说是非常新鲜而又愉快的经历。

　　随着与《三国演义》故事世界的关系越来越密切，我自己不仅限于《三国演义》，还对明清时期的其他长篇小说产生了兴趣。于是，我陆续阅读了被称为"五大小说"的《三国演义》《西游记》《水浒传》《金瓶梅》《红楼梦》等作品，并撰写了以五大小说为对象的《中国五大小说中的智者》（筑摩书房，2007年刊）、《中国的五大小说（上下）》（岩波新书，2008年4月—2009年4月）的书。在五大小说中，我和《水浒传》特别投缘。之后，就经常写以《水浒传》为素材的文章。其中，继本书原版之后，从各种角度解读《水浒传》的《水浒纵横谈》（潮出版社，2013年刊）也出版发行了。之后，《水浒传》全译又花了几年时间，总算完成了（讲谈社学术文库，全五册，2017—2018年刊）。

　　想到半个多世纪前就开始了和三国的渊源，这样一件事接一件事地联系在一起，有无限感慨。本书是我漫长旅途中的一块纪念碑。

本书的出版和原版的出版一样，受到了潮出版社出版部的北川达也先生和漫画编辑部的冈谷信明先生的关照。北川先生和冈谷先生精心完成了这本易读、有趣的书，对此我只有深表感谢，非常感谢！

2019 年 5 月

井波律子

主要人物表

	魏	吴	蜀
文官	贾诩（147—223） 程昱（141—220） 郭嘉（170—207） 荀攸（157—214） 荀彧（163—212） 司马懿（179—251）	张昭（156—236） 诸葛瑾（174—241） 陆抗（226—274） 陆逊（183—245） 吕蒙（178—219） 鲁肃（172—217） 周瑜（175—210）	庞统（179—214） 法正（176—220） 马谡（190—228） 邓芝（178—251） 李严（？—234）
武官	典韦（？—197） 许褚（生卒年不详） 张辽（169—222） 夏侯惇（？—220） 夏侯渊（？—219） 张郃（？—231） 庞德（？—219） 于禁（？—221）	韩当（？—226） 程普（？—215） 黄盖（生卒年不详） 太史慈（166—206） 周泰（生卒年不详）	魏延（？—234） 姜维（202—264）

续表

	魏	吴	蜀
五虎将			关羽（？—219） 张飞（？—221） 赵云（？—229） 马超（176—222） 黄忠（？—220）
执政者	曹操（155—220） 曹仁（168—223） 曹丕（187—226） 曹洪（？—232） 曹植（192—232） 曹真（？—231）	孙权（182—252） 孙坚（155—191） 孙策（175—200）	刘备（161—223） 诸葛亮（181—234） 刘禅（207—271）
其他	董卓（？—192） 袁绍（？—202） 吕布（？—199） 袁术（？—199）		

三国年表

时间（公元）	年号	事件
184	中平元年	黄巾军之乱兴起。党锢之禁解除。
189	中平六年	灵帝去世,少帝即位。外戚何进政变失败,宫中大乱,宦官均被袁绍杀死。董卓之乱爆发。少帝退位,异母弟献帝即位。东汉王朝名存实亡。
191	初平二年	清流派荀彧成为曹操的谋臣,为曹操出谋划策。
192	初平三年	董卓被杀,群雄割据,乱世开始。
196	建安元年	曹操迎汉献帝至根据地许。
200	建安五年	曹操官渡之战击败袁绍,称霸华北。

续表

时间（公元）	年号	事件
201	建安六年	刘备遭曹操追击,与关羽、张飞逃往荆州。
207	建安十二年	曹操称霸中原。刘备三顾茅庐,迎诸葛亮为军师。诸葛亮解说天下三分之计。
208	建安十三年	曹操率军南下荆州。孙权、刘备联军抗曹。周瑜率两万大军,于赤壁之战中击败曹操。之后,孙权(周瑜)、刘备(诸葛亮)集团围绕荆州之争关系激化。
210	建安十五年	周瑜去世。
211	建安十六年	刘备入蜀。
214	建安十九年	刘备掌控蜀。
216	建安二十一年	曹操称魏王。
219	建安二十四年	关羽去世。
220	建安二十五年	曹操去世,(延康元年)曹操长子曹丕建魏朝即位(文帝),改年号为黄初。
220	黄初元年	刘备即位,蜀国建立。张飞去世。刘备攻打吴国。
223	黄初四年	刘备去世。刘禅即位。
226	黄初七年	魏文帝去世。明帝即位。

续表

时间（公元）	年号	事件
227	太和元年	诸葛亮进军汉中。
228	太和二年	诸葛亮第一次北伐、第二次北伐。
229	太和三年	孙权即位，吴国建立。
234	青龙二年	诸葛亮死于五丈原。
239	景初三年	魏明帝去世。
249	嘉平元年	司马懿发动政变，掌控魏实权。
251	嘉平三年	司马懿去世。
252	嘉平四年	孙权去世。
263	景元四年	蜀国灭亡。
265	泰始元年	司马懿之孙司马炎即位（魏灭亡，西晋王朝建立）。
280	咸宁六年	孙吴灭亡。西晋统一三国，改年号为太康。

附录一

三国重要地名

上庸

上庸郡属荆州,郡治上庸,位于今湖北省十堰市竹山县西南。

小沛

属豫州沛国。位于今江苏省徐州市沛县。

五丈原

属雍州扶风郡,诸葛亮率军最后一次北伐时,由汉中

注:附录一、附录二为编者整理撰写,简要介绍本书正文中所提及的部分三国时期重要地名和著名战役。

出发，取道斜谷，穿越秦岭，进驻五丈原。位于今陕西省宝鸡市岐山县附近。

瓦口关

又名瓦口隘，张飞饮酒装醉，智取固守瓦口关的张郃军。故址位于今四川省南充市阆中市东北。

长安

属雍州，京兆郡郡治，东汉时期，国都迁到洛阳，长安的地位有所下降，东汉末年又饱受战乱摧残。位于今陕西省西安市。

乌巢

官渡之战中，曹操奇袭袁绍军在乌巢的粮仓。故址在今河南省新乡市延津县东史固村东南。

巴丘

属荆州南郡和长沙郡之间，孙吴名将周瑜病逝于此。位于今湖南省岳阳市岳阳楼一带。

白帝城

属益州巴东郡,刘备于白帝城托孤诸葛亮。位于今重庆市奉节县境内。

西城

属荆州,魏兴郡郡治。位于今陕西省安康市。

成都

蜀汉都城、益州州治、蜀郡郡治,蜀汉章武元年(221年),刘备于成都称帝。位于今四川省成都市。

合肥

属魏国扬州,淮南郡郡治,魏国和吴国围绕合肥多次征战。位于今安徽省合肥市西北。

江夏

江夏郡属荆州,郡治武昌。位于今湖北省鄂州市。

许

属豫州,颍川郡郡治,建安元年(196年),曹操"挟天子以令诸侯",迎汉献帝自洛阳迁都于许,称许都。建安二十五年(220年),曹丕以"汉亡于许,魏昌于许",改许县为许昌。位于今河南省许昌市东。

阳都

属徐州琅邪国,是著名政治家、军事家诸葛亮的出生地。位于今山东省临沂市沂南县。

寿春

扬州州治,位于今安徽省淮南市寿县。寿春曾是袁术称帝之地,曹操灭袁术后改为扬州州治所在地。

麦城

属荆州南郡,在曹操和孙权的夹击下,关羽丢荆州,败走麦城。位于今湖北省宜昌市当阳市境内。

邺

属冀州,魏郡郡治,位于今河北省邯郸市临漳县西南、河南省安阳市北郊一带。东汉末年,曹操击败袁绍,占据邺城,营建王都。

沛国谯县

谯县初属沛国，后置谯郡，郡治在谯县。为三国著名军事统帅曹操、曹魏名将夏侯惇、夏侯渊、许褚、曹仁等的故里。位于今安徽省亳州市。

虎牢关

历代兵家必争之地，初平元年（190年），各诸侯攻打占据虎牢关的董卓军。位于今河南省郑州市荥阳市汜水镇境内。

易州

又称易城，属冀州河间郡，曹操征乌桓期间，郭嘉病逝易州。位于今河北省保定市易县。

官渡

属司州河南尹，曹操军与袁绍军在此相持，展开官渡之战。位于今河南省郑州市中牟县东北。

宛

又称宛城、宛县，属荆州，南阳郡郡治。位于今河南省南阳市。

建业

孙吴都城、扬州州治、丹阳郡郡治,建安十六年(211年),孙权移治秣陵,后改秣陵为建业。位于今江苏省南京市。

南皮

属冀州,勃海郡郡治。位于今河北省沧州市南皮县北。

南阳

南阳郡属荆州,诸葛亮《出师表》有言:"臣本布衣,躬耕于南阳。"

南郑

属益州,汉中郡郡治。位于今陕西省汉中市。

南郡

南郡属荆州,以江陵为郡治,位于今湖北省荆州市。赤壁之战后周瑜率军攻占江陵,南郡之战后,刘备向孙权借得南郡。

洛阳

曹魏都城、司州州治，位于今河南省洛阳市。建安二十五年（220年），曹操病逝，曹丕即位，迁都洛阳。

柴桑

属荆州江夏郡，与扬州豫章郡、蕲春郡交界，周瑜去世，诸葛亮柴桑吊丧。位于今江西省九江市柴桑区。

隆中

属荆州，东汉末，诸葛亮隐居隆中。位于今湖北省襄阳市境内。

葭萌关

"张飞挑灯夜战马超"之战所在地。位于今四川省广元市昭化区境内。

新野

属荆州南阳郡，正始年间，荆州治所驻新野，位于今河南省南阳市新野县。

樊城

属荆州襄阳郡，位于今湖北省襄阳市樊城区。

襄阳

属荆州，襄阳郡郡治，群雄逐鹿的重要战场，位于今湖北省襄阳市。

濮阳

属兖州，东郡郡治。位于今河南省濮阳市南。

附录二 三国著名战役

黄巾起义

开始于东汉灵帝光和七年（184年），由张角、张宝、张梁等人领导。起义的烽火遍及青州、徐州、幽州、冀州、荆州、扬州、兖州、豫州，对东汉朝廷的统治产生了巨大的冲击。起义虽被镇压，但各地军阀割据，东汉朝廷名存实亡，最终导致三国分立局面的形成。

董卓之乱

东汉灵帝中平六年（189年），洛阳经过十常侍之乱，董卓率军进入洛阳，乘虚而入，控制了少帝刘辩，立陈留王刘协为帝，自为相国，权倾朝野。次年袁绍举兵讨伐董卓，董卓败走，挟献帝西迁长安。献帝初平三年（192年），董卓被王允、吕布等杀。董卓之乱导致汉室更加衰微，加速了东汉政权的灭亡。

濮阳之战

献帝兴平元年（194年），曹操东伐徐州陶谦，留守兖州的张邈、陈宫叛降迎吕布，吕布一度占领兖州大部分地区，屯兵濮阳。曹操撤军回救，先是败于吕布，后双方对峙，因蝗灾起，各自撤退。兴平二年（195年），曹操重整旗鼓，兵袭定陶，大破吕布军，收复兖州失地。曹操拜兖州牧。

宛城之战

献帝建安二年（197年），曹操和张绣在宛城的一场战斗，以张绣取胜、曹操败逃返回许都为结局。对曹氏家族而言损失惨重，长子曹昂、侄子曹安民、大将典韦都死于宛城之战。

官渡之战

与赤壁之战、夷陵之战并称三国"三大战役"，也是中国历史上著名的以弱胜强的战役之一。黄巾起义后，各州郡形成大大小小的军阀割据势力，中原地区"白骨露于野，千里无鸡鸣"，袁绍、曹操两大军事集团发展壮大起来。献帝建安五年（200年），曹操军与袁绍军相持于官渡，展开决战，最终曹操奇袭乌巢，烧毁袁军粮草，致使袁军大溃，曹操奠定了统一北方的基础。

博望坡之战

献帝建安七年（202年），曹操北上攻击袁尚，荆州刘表派刘备领军北伐，试图夺取许都。曹操调夏侯惇、于禁、李典反击刘备，曹、刘于博望对峙。与夏侯惇交战时，刘备假意败退，又烧毁自己的军营，夏侯惇中计，与于禁一道率军追击，但刘备早有准备，曹军战事不利，守卫营寨的李典及时率军救援，刘备见好就收，双方撤军。刘表此后固守荆州，不再主动出击，直至献帝建安十三年（208年）刘表病逝，曹操南下夺取荆州。

长坂坡之战

献帝建安十三年（208年），荆州牧刘表病逝，曹操亲率大军南下，图谋荆州，刘表次子刘琮不战而降，后才派人通知刘备。刘备率众逃亡江陵，曹操亲率五千精锐骑兵，在当阳长坂附近追上刘备军。长坂桥上，张飞据水断桥，为刘备军逃亡赢得时间，赵云以一人之力，救出甘夫人和刘禅。

赤壁之战

"三大战役"之一，献帝建安十三年（208年），曹操平定北方后，挥师南下，在当阳长坂对战刘备取得胜利，孙权、刘备联军于长江赤壁一带与曹操大军交战。孙刘联军扬水战之长，周瑜巧借东风火烧赤壁，大败曹军，取得了赤壁之战的胜利。赤壁之战也成为后世文学中极为常用的三国典故，晚唐杜牧作"东风不与周郎便，铜雀春深锁二乔"诗，咏赤壁史。

南郡之战

曹操赤壁之战后领兵北还，留曹仁、徐晃等据守荆州南郡。孙刘联军为夺取荆州南郡，于献帝建安十三年（208年）至建安十四年（209年）与曹军展开攻城战役。双方交战近一年，曹仁在夷陵、江陵等地多次战败，损失惨重，无奈弃城而走。南郡之战孙刘联军胜利，孙权命周瑜为南郡太守，程普为江夏太守，但周瑜也在此战中伤重，于献帝建安十五年（210年）英年早逝。刘备也趁机率领赵云等将领取得了荆南四郡，后又向孙权借得南郡，以此为基石，西取益州，北抗曹操，东和孙权。

潼关之战

献帝建安十六年（211年），曹操与韩遂、马超等关中、西凉联军之间的战斗。曹操在赤壁之战大败后，南下进军无望，于是重点向西进军，力图打击关中、西凉一带的割据势力。关中诸侯以韩遂、马超为主起兵反抗，曹操大军紧逼潼关，在他的深谋远虑、巧用妙计下，韩遂、马超离间，曹军取胜，压制关中，诸将败走凉州。

汉中之战

亦称汉中争夺战。献帝建安二十二年（217年）开始，建安二十四年（219年）五月结束，刘备势力与曹操势力之间争夺汉中的战争。曹刘双方都投入了非常多的战力，最终以刘备军的胜利而结束，曹操军撤出汉中，刘备称汉中王。

襄樊之战

亦称荆州争夺战。献帝建安二十四年（219年），关羽率军从荆州南郡出发，发兵襄阳、樊城，与曹操集团展开的一场战役。此战中，汉水泛滥，引发洪灾，关羽巧用水攻，大破曹军，擒于禁、斩庞德，兵围樊城。后吕蒙、陆逊偷袭荆州，关羽败走麦城，被孙吴集团俘杀。蜀汉在襄樊之战中丢失了荆州三郡，孙刘联盟破裂，反目成仇，为此后的夷陵之战埋下伏笔。

夷陵之战

"三大战役"的最后一场，蜀汉章武元年（221年），刘备为夺回在襄樊之战中丢失的荆州，替关羽报仇，亲率数万大军进攻孙吴，张飞欲从阆中出兵江州前被部下所杀。孙权求和不成，奋起应战抵御蜀军，同时向曹魏称臣修好，以避免两线作战。蜀军求胜心切，孙吴军队避其锋芒，保持防守，拖延交战时间，陆逊实施撤退战略，后撤至夷道、猇亭一线。章武二年（222年），蜀军进入夷陵地区，屯兵长江两岸，两军相持不决至六月盛暑，蜀军士气颓唐，陆逊大举反攻，"火烧连营"。此战蜀汉惨败，几乎全军覆没，刘备撤回益州时遭遇孙恒围堵，凄凉逃回白帝城，次年（章武三年，223年）四月病故永安宫，杜甫凭吊古迹，作诗抒怀："蜀主窥吴幸三峡，崩年亦在永安宫。"

六出祁山

史书记载，诸葛亮于蜀汉建兴六年（228年）至建兴十二年（234年）五次出兵北伐，两次从祁山出兵。《三国演义》小说立足史实进行再创作，"六出祁山"逐渐成为蜀汉丞相诸葛亮北伐曹魏军事行动的代名词。最后一次北伐时，诸葛亮与司马懿相持不下，遗憾于五丈原重病而亡，北伐未竟，最终没能北定中原，光复汉室。

寿春之战

寿春地处淮水南岸，是重要的军事、经济要地，曹魏甘露二年（257年）至甘露三年（258年），魏大将军司马昭在寿春全歼诸葛诞军及吴军近二十万人，最终解决了淮南地区和曹氏集团的军事反抗。寿春之战是司马氏统一天下的关键，士大夫纷纷拥护司马氏，为代魏奠定了基础。